21 世纪高等学校
经济管理类规划教材
高校系列

财经类院校成人高等教育
实训系列教材

U0649536

ACCOUNTING

会计学基础
实训教程

+ 蒙丽珍 张臻 主编

ECONOMICS
AND
MANAGEMENT

人民邮电出版社
北 京

图书在版编目（CIP）数据

会计学基础实训教程 / 蒙丽珍，张臻主编. -- 北京：人民邮电出版社，2013.9（2017.1 重印）

21世纪高等学校经济管理类规划教材. 高校系列

ISBN 978-7-115-31770-4

Ⅰ. ①会… Ⅱ. ①蒙… ②张… Ⅲ. ①会计学－高等学校－教材 Ⅳ. ①F230

中国版本图书馆CIP数据核字(2013)第157188号

内 容 提 要

本书力求实践与理论相辅相成，以能力培养为主要目标，主要内容包括会计凭证和会计账簿的基础规范、填制与审核会计凭证、登记账簿、财产清查、编制财务报表、会计凭证的传递、装订和保管。

本书不仅适合成人高等教育的实践教学，也可以作为高等教育实践教学、企业和公司经济管理人员的岗位培训用书，对于广大的社会自学者也是非常有益的读物。

◆ 主　编　蒙丽珍　张　臻
　　责任编辑　王亚娜
　　执行编辑　肖　稳
　　责任印制　张佳莹　杨林杰

◆ 人民邮电出版社出版发行　　北京市丰台区成寿寺路 11 号
　　邮编　100164　　电子邮件　315@ptpress.com.cn
　　网址　http://www.ptpress.com.cn
　　北京隆昌伟业印刷有限公司印刷

◆ 开本：787×1092　1/16
　　印张：10.25　　　　　　　　　2013 年 9 月第 1 版
　　字数：131 千字　　　　　　　2017 年 1 月北京第 7 次印刷

定价：23.00 元

读者服务热线：(010) 81055256　印装质量热线：(010) 81055316
反盗版热线：(010) 81055315

丛书序

　　财经类专业是应用性、理论性、实践性很强的专业，其实践教学与理论教学是地位相同的重要教学环节。实践教学效果的好坏将直接影响到学生对所学知识的掌握程度，进而影响对学生综合应用能力和创新能力效果。目前，成人高等教育学历化倾向比较严重，许多人仍然把成人教育简单化为学历补偿教育。成人高等教育仍然走不出单纯追求学历教育的误区，成教"普教化"现象明显；办学特色不鲜明，培养目标针对性不强，忽视了成人自身的求学需要；轻视实践操作和运用能力的培养，不适合成人学习特点。

　　为此，我们组织编写了适应成人教育学生创新能力培养、满足前沿理论技术引导需求的实训系列教材——"财经类院校成人高等教育实训系列教材"。该系列丛书既包括提升学生从业能力的教材，也包括培养学生综合素质的教材。该丛书首先力求实践教材与理论教材相辅相成，以能力培养为主要目标，培养学生具有完整、系统的从业能力；其次，培养学生的独立调研、创造力训练等能力；再次，还可以锻炼学生思维能力、提高观察和解决问题的能力及抗挫折能力，培养良好的意志品质。

　　财经类成人高等教育实训系列教材是完善财经类成人高等教育教学体系建设的重要一环，是提高成人高等教育教学质量的重要保障。

　　本丛书在财经类院校成人高等教育实训系列教材建设小组指导下，由蒙丽珍教授、严民富副教授和蒙强副教授负责教材整体框架、内容的设计，并担任主审。

　　本丛书不仅适合成人高等教育的实践教学，也可以作为高等教育实践教学、企业和公司经济管理人员的岗位培训用书，对于广大的社会自学者也是非常有益的读物。在编写过程中，我们参考借鉴了大量的经济、管理和会计财务等方面的资料，并得到相关企业、院校等专家的支持与悉心指导，在此一并致谢。由于作者水平有限，书中难免有疏漏和不足，恳请读者批评指正。

财经类院校成人高等教育实训系列教材建设小组

二〇一一年九月

前言

　　会计是一门应用性很强的学科，从掌握会计理论到适应会计工作还有一定的距离，校内会计实训是联接会计理论与实践的桥梁，通过会计实训，能锻炼学生实际操作技能和综合分析能力，缩短学生适应会计工作岗位的时间。参加成人高等教育的学员以自学为主，面授时间较短，对于初学会计的学员，缺乏对会计的感性认识，为配合会计学基础的教学，让学生掌握会计的基本操作技能，巩固会计基本理论知识，我们编写了《会计基础实训教程》。

　　本教程以一个小型制造企业的经济业务为例，将真实的会计资料，经过整理编写而成，让学生模拟期初建账、填制原始凭证、编制记账凭证、登记各类账簿、期末对账、结账、编制会计报表等会计核算工作。不仅能熟练掌握会计核算的基本程序和方法，还能为进一步的会计专业课程学习打下基础。

　　本教程分为六章，第一章为会计凭证和会计账簿的基础规范，第二至第六章为具体的各实训项目，突出了基础性、仿真性和应用性特点。

　　第一，基础性。本教程是在学习完"会计学基础"课程后进行的实训，因此，业务处理的难度不大，侧重的是对填制会计凭证、登记会计账簿、编制会计报表等基本技能的训练。

　　第二，仿真性，实训业务来自于企业的真实会计业务，按《会计基础工作规范》的要求进行业务处理，高度仿真模拟企业的会计核算程序和方法，让学员有身临其境的感觉。

　　第三，应用性，针对成人学员和初学者的特点，从学员实际动手能力方面通过对知识点的介绍，操作程序和方法的引导，学员自学也可以很快掌握知识要领，独立操作完成各项实训。

　　本书在广西财经学院成人高等教育教材建设领导小组的指导下，由蒙丽珍教授进行总体设计，张臻副教授具体编写，再由蒙丽珍教授审定完成。

　　本教程可作为会计、审计、财务管理等专业成人高等教育学员、高职高专学生实验教学使用。

　　由于编者水平有限，书中难免有错误和不当之处，敬请读者批评指正。

编　者

2013 年 5 月于南宁

目录

第一章

会计凭证和会计账簿的基础规范

一、会计凭证

（一）原始凭证的填制

（1）原始凭证的内容：由于经济业务的千差万别，原始凭证也复杂多样，在会计实务中，无论哪一种原始凭证，都应具备以下基本内容。

① 凭证的名称。

② 填制凭证的日期。

③ 填制凭证单位名称或者填制人姓名。

④ 经办人员的签名或者盖章。

⑤ 接受凭证单位名称。

⑥ 经济业务内容、数量、单价和金额。

（2）填制原始凭证的要求。

① 阿拉伯数字应当一个一个地写，不得连笔写。阿拉伯数字金额前面应当书写货币币种符号或者货币名称简写。币种符号与阿拉伯金额数字之间不得留有空白。凡阿拉伯数字前写有币种符号的，数字后面不再写货币单位。

② 所有以元为单位的阿拉伯数字，除表示单价等情况外，一律填写到角分；无角无分的，角位和分位应当写"00"，不得用符号"—"代替。

③ 汉字大写数字金额如零、壹、贰、叁、肆、伍、陆、柒、捌、玖、拾、佰、仟、万、亿等，一律用正楷或者行书体书写，不得用 0、一、二、三、四、五、六、七、八、九、十等简体字代替，不得任意自造简化字。大写金额数字到元或者角为止的，在"元"或者"角"字之后应当写"整"字或者"正"字；大写金额数字有分的，分字后面不写"整"或者"正"字。

④ 大写金额数字前未印有货币名称的，应当加填货币名称，货币名称与数字金额之间不得留有空白。

⑤ 阿拉伯金额数字中间有"0"时，汉字大写金额要写"零"字；阿拉伯数字金额中间连续有几个"0"时，汉字大写金额中可以只写一个"零"字；阿拉伯数字金额元位是"0"，或者数字中间连续有几个"0"、元位也是"0"，但角位不是"0"时，汉字大写金额可以只写一个"零"字，也可以不写"零"字。例如¥1500.86，汉字大写金额应写成：人民币壹仟伍佰元零捌角陆分，或人民币壹仟伍佰元捌角陆分。

（3）从外单位取得的原始凭证，必须盖有填制单位的公章；从个人取得的原始凭证，必须有填制人员的签名或者盖章。

（4）自制原始凭证必须有经办单位领导人或者其指定的人员签名或者盖章。对外开出的原始凭证，必须加盖本单位公章。

（5）凡填有大写和小写金额的原始凭证，大写与小写金额必须相符。购买实物的原始凭证，必须有验收证明。支付款项的原始凭证，必须有收款单位和收款人的收款证明。

（6）一式几联的原始凭证，应当注明各联的用途，只能以一联作为报销凭证。

（7）原始凭证不得涂改、挖补。发现原始凭证有错误的，应当由开出单位重开或者更正，更正处应当加盖开出单位的公章。

（8）多联的原始凭证必须用双面复写纸复写，并连续编号，因填写错误或其他原因而作废的，应加盖"作废"戳记整联保存，不得缺联。

（9）发生销货退回的，除填制退货发票外，还必须有退货验收证明；退款时，必须取得对方的收款收据或者汇款银行的凭证，不得以退货发票代替收据。

（10）职工因公借款，必须填写正式的借据，作为附件须附在记账凭证之后。收回借款时，应当另开收据或者退还借据副本，不得退还原借款借据。

（11）经上级有关部门批准的经济业务，应当将批准文件作为原始凭证附件；如果批准文件需要单独归档的，应当在凭证上注明批准机关名称、日期和文件字号。

（二）原始凭证的审核

1. 对原始凭证所记载的经济业务内容审核

主要审核凭证的真实性、合法性和合理性，发现原始凭证有错误的，应当由开出单位重开或者更正，更正处应当加盖开出单位的公章。

（1）审核原始凭证的真实性。审核原始凭证的基本内容——凭证的名称、接受凭证单位名称、填制凭证的日期、经济业务的内容、金额、填制单位和填制人员及有关人员的印章和名称、凭证的附件和凭证的编号等，是否真实和正确。凡有下列情况之一者不能作为正确的会计凭证：①未写接受单位名称或名称不符。②数量和金额计算不正确。③有关责任人员未签名或未盖章。④凭证联次不符。⑤有污染、抹擦、刀刮和挖补等涂改痕迹。

（2）审核原始凭证的合法性。审核经济业务的发生是否符合党和国家的路线、方针、政策和法规。凡有下列情况之一者不能作为合法的会计凭证：

① 多计或少计收入、支出、费用、成本；

② 擅自扩大开支范围，提高开支标准；

③ 不按国家规定的资金渠道和用途使用资金、挪用资金进行基本建设；

④ 巧立名目，虚报冒领，滥发奖金津贴办班费、防护用品或实物，违反规定借出公款、公物；

⑤ 套取现金、签发空头支票；

⑥ 不按国家规定的标准、比例提取费用；

⑦ 私分公共财物和资金；

⑧ 擅自动用公款、公物请客送礼；

⑨ 不经有关单位批准，购买、自制属于国家控制购买的商品。

（3）审核原始凭证的合理性。根据党和国家的路线、方针、政策、法规，从经营管理的角度出发，按照厉行节约、反对浪费、提高经济效益的原则，审核经济业务的发生是否合理。

2. 对原始凭证填写情况进行审核

主要检查项目填写是否完整，计算是否准确，手续是否完备。

（1）支票。主要审核支票种类是否正确，是否用碳素墨水书写，支票内容、开户行名称、签发人账号、收款人是否正确，用途是否合理，大小写金额是否一致，存根与正本是否相符，签章是否齐全。不准更改的内容是否更改了，允许更改的内容更改后是否加盖了印鉴等。

（2）借款单。主要审核审批人是否签名，大小写金额是否一致，借款人是否签名等。

（3）收据。主要审核交款人、款项内容是否正确，大小写金额是否一致，现金收讫章是否加盖等。

（4）发票。主要审核是否印有税务局监制章，购货单位、商品或劳务名称、金额计算是否正确，大小写金额是否一致，供应单位发票专用章是否加盖等。

（5）收料单。主要审核验收是否及时，收料单内容是否与发票一致，发票数量与实收数量是否一致，验收人是否签名等。

（6）领料单。主要审核金额计算是否正确，签名是否齐全等。

（7）现金存款单。主要审核收款人、账号及开户行名称是否正确，大小写金额是否一致等。

（8）转账进账单。主要审核收付款人、账号及开户行名称是否正确，进账单上的金额是否与支票一致，大小写金额是否一致等。

（三）记账凭证的填制

1. 记账凭证的内容

记账凭证必须具备以下内容。

（1）填制凭证的日期。

（2）凭证编号。记账账凭证的编号应当连续，一笔经济业务需要填制两张以上记账凭证的，可以采用分数编号法编号，如第八号记账凭证需编两张。则第一张的编号为8（1/2）、第二张的编号为8（2/2）。

（3）经济业务摘要。填写经济业务的简要内容，应简明扼要。

（4）会计科目。应填写会计科目全称。

（5）金额。记账凭证的金额必须与原始凭证相符，填入每个科目的金额后，要在记账凭证的合计栏填写合计金额，并在合计数前面填写货币符号"￥"，不是合计数，则不填写货币符号。

（6）所附原始凭证张数。记账凭证一般应附有原始凭证，并注明其张数，附件张数应用阿拉伯数字填写。

（7）填制凭证人员、稽核人员、记账人员、会计机构负责人、会计主管人员签名或者盖章。

（8）收款和付款记账凭证还应当由出纳人员签名或者盖章。

2. 记账凭证的填写要求

（1）记账凭证的内容必须具备：填制凭证的日期；凭证编号；经济业务摘要；会计科目；金额；所附原始凭证张数；填制凭证人员、稽核人员、记账人员、会计机构负责人、会计主管人员签名或者盖章。

收款和付款记账凭证还应当由出纳人员签名或者盖章。

（2）填制记账凭证时，应当对记账凭证进行连续编号。一笔经济业务需要填制两张以上记账凭证的，可以采用分数编号法编号。

（3）记账凭证可以根据每一张原始凭证填制，或者根据若干张同类原始凭证汇总填制，也可以根据原始凭证汇总表填制。但不得将不同内容和类别的原始凭证汇总填制在一张记账凭证上。

（4）除结账和更正错误的记账凭证可以不附原始凭证外，其他记账凭证必须附有原始凭证。

（5）如果一张原始凭证涉及几张记账凭证，可以把原始凭证附在一张主要的记账凭证后面，并在其他记账凭证上注明附有该原始凭证的记账凭证的编号或者附原始凭证复印件。

（6）一张原始凭证所列支出需要几个单位共同负担的，应当将其他单位负担的部分，开给对方原始凭证分割单进行结算。

原始凭证分割单必须具备原始凭证的基本内容：凭证名称、填制凭证日期、填制凭证单位名称或者填制人姓名、经办人的签名或者盖章、接受凭证单位名称、经济业务内容、数量、单价、金额和费用分摊情况等。

（7）如果在填制记账凭证时发生错误，应当重新填制。已经登记入账的记账凭证，在当年内发现填写错误时，可以用红字填写一张与原内容相同的记账凭证，在摘要栏注明"注销某月某日某号凭证"字样，同时再用蓝字重新填制一张正确的记账凭证，注明"订正某月某日某号凭证"字样。如果会计科目没有错误，只是金额错误，也可以将正确数字与错误数字之间的差额，另编一张调整的记账凭证，调增金额用蓝字，调减金额用红字。

（8）记账凭证填制完经济业务事项后，如有空行，应当自金额栏最后一笔金额数字下的空行处至合计数上的空行处画线注销。

3．记账凭证的审核

记账凭证是登记账簿的直接依据，为了保证账簿记录的正确性，以及整个空间信息的质量，记账前必须有专人对已编制的记账凭证进行认真、严格的审核，审核的内容包括以下几个方面。

（1）审核记账凭证是否附有原始凭证，记账凭证与原始凭证的内容是否相符，金额是否一致。

（2）审核凭证中会计科目的使用是否正确，二级或明细科目是否齐全，账户对应关系是否清晰，金额计算是否准确无误。

（3）审核记账凭证中有关项目是否填写齐全，有关人员是否签名盖章。

4．会计凭证的装订和保管

（1）会计凭证应当及时传递，不得积压。

（2）会计凭证登记完毕后，应当按照分类和编号顺序保管，不得散乱丢失。

（3）记账凭证应当连同所附的原始凭证或者原始凭证汇总表，按照编号顺序，折叠整齐，按期装订成册，并加具封面，注明单位名称、年度、月份和起讫日期、凭证种类、起讫号码，由装订人在装订线封签外签名或者盖章。

（4）对于数量过多的原始凭证，可以单独装订保管，在封面上注明记账凭证日期、编号、种类，同时在记账凭证上注明"附件另订"和原始凭证名称及编号。

（5）各种经济合同、存出保证金收据以及涉外文件等重要原始凭证，应当另编目录，单独登记保管，并在有关的记账凭证和原始凭证上相互注明日期和编号。

二、会计账簿

（一）启用账簿的要求

启用账簿时，要填写账簿启用表，填写要求如下。

（1）填写启用日期。

（2）填写账簿的起止页数。启用订本式账簿，应当从第一页到最后一页顺序编定页数，不得跳页、缺号。使用活页式账页，应当按账户顺序编号，并须定期装订成册。装订后再接实际使用的账页顺序编定页码。

（3）记账人员和会计机构负责人、会计主管人员姓名，并加盖名章和单位公章。

（4）会计主管人员调动工作时，应当注明交接日期、接办人员或者监交人员姓名，并由交接双方人员签名或者盖章。

（二）登记账簿的要求

会计人员应当根据审核无误的会计凭证登记会计账簿，做到数字准确、摘要清楚、登记及时、字迹工整。

（1）登记会计账簿时，应当将会计凭证日期、编号、业务内容摘要、金额和其他有关资料逐项记入账内。

（2）登记完毕后，要在记账凭证上签名或者盖章，并注明已经登账的符号，表示已经记账。

（3）账簿中书写的文字和数字上面要留有适当空格，不要写满格；一般应占格距的二分之一。阿拉伯数字书写要规范，例如"1"字要倾斜45°；"7"和"9"的上端要低于其他数字，下端要超出横线，上下各占空高度的1/4。

（4）登记账簿要用蓝黑墨水或者碳素墨水书写，不得使用圆珠笔（银行的复写账簿除外）或者铅笔书写。用红色墨水记账，仅限于以下三种情况：

① 按照红字冲账的记账凭证，冲销错误记录；

② 在不设借贷等栏的多栏式账页中，登记减少数，如生产成本、管理费用账页登记转出或减少数；

③ 在三栏式账户的余额栏前，如未印明余额方面的，在余额栏内登记负数余额。

（5）各种账簿按页次顺序连续登记，不得跳行、隔页。如果发生跳行、隔页，应当将空行、空页画线注销，或者注明"此行空白"、"此页空白"字样，并由记账人员签名或者盖章。

（6）凡需要结出余额的账户，结出余额后，应当在"借或贷"等栏内写明"借"或者"贷"等字样。没有余额的账户，应当在"借或贷"等栏内写"平"字，并在余额栏内用"Q"表示。

（7）每一账页登记完毕结转下页时，应当结出本页合计数及余额，写在本页最后一行和下页第一行有关栏内，并在摘要栏内注明"过次页"和"承前页"字样。

对需要结计本月发生额的账户，结计"过次页"的本页合计数应当为自本月初起至本页末止的发生额合计数；对需要结计本年累计发生额的账户，结计"过次页"的本页合计数应当为自年初起至本页末止的累计数；对既不需要结计本月发生额也不需要结计本年累计发生额的账户，可以只将每页末的余额结转次页。

（8）账簿记录发生错误，不准涂改、挖补、刮擦或者用药水消除字迹，不准重新抄写，必须按照下列方法进行更正。

① 登记账簿时发生错误，应当将错误的文字或者数字画红线注销，但必须使原有字迹仍可辨认；然后在画线上方填写正确的文字或者数字，并由记账人员在更正处盖章。对于错误的数字，应当全部画红线更正，不得只更正其中的错误数字。对于文字错误，可只画去错误的部分。

② 由于记账凭证错误而使账簿记录发生错误，应当按更正的记账凭证登记账簿。

（三）结账

单位应当按照规定定期结账。

（1）结账前，必须将本期内所发生的各项经济业务全部登记入账。

（2）结账时，应当结出每个账户的期末余额。需要结出当月发生额的，应当在摘要栏内注明"本月合计"字样，并在下面通栏画单红线。需要结出本年累计发生额的，应当在摘要栏内注明"本年累计"字样，并在下面通栏画单红线；12月末的"本年累计"就是全年累计发生额。全年累计发生额下面应当通栏画双红线。年度终了结账时，所有总账账户都应当结出全年发生额和年末余额。

（3）年度终了，要把各账户的余额结转到下一会计年度，并在摘要栏注明"结转下年"字样；在下一会计年度新建有关会计账簿的第一行余额栏内填写上年结转的余额，并在摘要栏注明"上年结转"字样。

三、会计工作交接

会计人员在调动工作或离职时必须办理会计工作交接，在临时离职或其他原因暂时不能工作时，也应办理会计工作交接。接替人员应当认真接管移交工作，并继续办理移交的未了事项。

（一）交接前的准备工作

会计人员在办理会计工作交接前，必须做好以下准备工作。

（1）已经受理的经济业务尚未填制会计凭证的应当填制完毕。

（2）尚未登记的账目应当登记完毕，结出余额，并在最后一笔余额后加盖经办人印章。

（3）整理好应该移交的各项资料，对未了事项和遗留问题要写出书面说明材料。

（4）编制移交清册，列明应该移交的会计凭证、会计账簿、财务会计报告、公章、现金、有价证券、支票簿、发票、文件、其他会计资料和物品等内容；实行会计电算化的单位，从事该项工作的移交人员应在移交清册上列明会计软件及密码、会计软件数据盘、磁带等内容。

（二）移交点收

移交人员离职前，必须将本人经管的会计工作，在规定的期限内，全部向接管人员移交清楚。接管人员应认真按照移交清册逐项点收。

具体要求如下。

（1）现金要根据会计账簿记录余额进行当面点交，不得短缺，接替人员发现不一致或"白条抵库"现象时，移交人员在规定期限内负责查清处理。

（2）有价证券的数量要与会计账簿记录一致，有价证券面额与发行价不一致时，按照会计账簿余额交接。

（3）会计凭证、会计账簿、财务会计报告和其他会计资料必须完整无缺，不得遗漏。如有短缺，必须查清原因，并在移交清册中加以说明，由移交人负责。

（4）银行存款账户余额要与银行对账单核对相符，如有未达账项，应编制银行存款余额调节表调节相符。

（5）各种财产物资和债权债务的明细账户余额，要与总账有关账户的余额核对相符；对重要实物要实地盘点，对余额较大的往来账户要与往来单位、个人核对。

（6）公章、收据、空白支票、发票、科目印章以及其他物品等必须交接清楚。

（7）实行会计电算化的单位，交接双方应在电子计算机上对有关数据进行实际操作，确认有关数字正确无误后，方可交接。

（三）监交

为了明确责任，会计人员办理工作交接时，必须有专人负责监交。通过监交，保证双方都按照国家有关规定认真办理交接手续，防止流于形式，保证会计工作不因人员变动而受影响；保证交接双方处在平等的法律地位上享有权利和承担义务，移交清册应当经过监交人员审查和签名、盖章，作为交接双方明确责任的证件。

（四）交接后的有关事宜

（1）会计工作交接完毕后，交接双方和监交人在移交清册上签名或盖章，并应在移交清册上注明：单位名称，交接日期，交接双方和监交人的职务、姓名，移交清册页数以及需要说明的问题和意见等。

（2）接管人员应继续使用移交前的账簿，不得擅自另立账簿，以保证会计记录前后衔接，内容完整。

（3）移交清册一般应填制一式三份，交接双方各执一份，存档一份。

第二章

填制与审核会计凭证

实训一　填制会计凭证

一、实训目的

通过一个企业完整的经济业务流程，了解企业不同经济业务应填制的原始凭证，根据原始凭证编制记账凭证，掌握原始凭证和记账凭证的填制方法。

二、实训资料

（一）模拟单位基本情况

单位名称：金浩日用品厂

主要产品：TS 餐车、TM 餐车、TL 餐车

厂址：南宁市青秀区金湖路 66 号

开户银行、账号：中国建设银行南宁金湖分行　450145458795621

税务登记号：372145878985452（一般纳税人）

法人代表：张云高　　总经理：李义　　财务主管：刘天明

（二）会计核算要求

（1）企业实行厂部一级核算，采用"科目汇总表账务处理程序"进行账户处理，如图 2-1 所示。

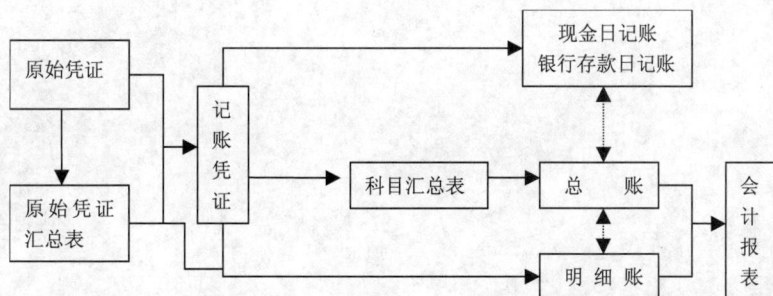

图 2-1

（2）存货核算采用实际成本计价法，按加权平均法确定发出存货的成本。

（3）固定资产折旧采用"年限平均法"按月计提，房屋及建筑的年综合折旧率为 3%，机器

设备的年综合折旧率为8%。

（4）银行借款利息按月预提，按季清缴。

（5）企业适用的增值税税率为17%，所得税税率为25%，城建税税率为7%，教育费附加比率为3%。

（三）实训所需材料

（1）模拟实习工具：回形针、夹子、铅笔、橡皮擦、直尺、胶水、蓝黑钢笔、红色钢笔等。

（2）模拟实习空白账、证：库存现金、银行存款日记账、记账凭证、转账支票、现金支票、银行进账单、现金缴款单、现金收入凭单、现金支出凭单、托收承付结算凭证、原始凭证粘贴单等。

（四）2013年3月发生的经济业务

（1）3日，提取现金4 000元备用。

空白现金支票样式见图2-2。

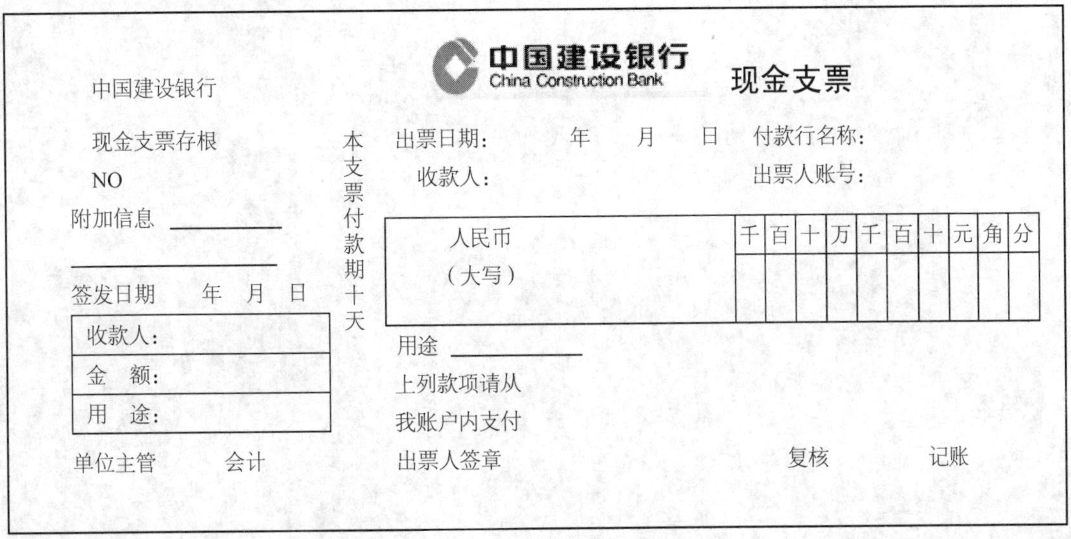
中国建设银行
China Construction Bank
现金支票

中国建设银行
现金支票存根
NO
附加信息
签发日期　　年　月　日
收款人：
金　额：
用　途：
单位主管　　会计

本支票付款期十天

出票日期：　　年　　月　　日　付款行名称：
收款人：　出票人账号：

人民币（大写）	千	百	十	万	千	百	十	元	角	分

用途
上列款项请从
我账户内支付
出票人签章　　复核　　记账

图2-2

目的：练习空白现金支票的开具。

业务处理程序如下。

① 出纳开出现金支票，经主管会计审核签字后，盖“单位账务专用章”、“企业法人代表章”。出纳到银行提取现金，并取回现金支票存根联。

② 出纳将支票存根交会计填制记账凭证。

③ 出纳根据记账凭证和现金支票存根登记现金和银行存款日记账。

凭证说明：

现金支票：是专门制作的用于支取现金的一种支票。当客户需要使用现金时，随时签发现金支票，向开户银行提取现金，银行在见票时无条件支付给收款人确定金额的现金的票据。

支票的使用要求如下。

① 签发支票的金额不得超过付款时在付款人处实有的存款余额。禁止签发空头支票、空白支票和远期支票。

② 支票一律记名，可以背书转让。

③ 支票付款期为 10 天，但中国人民银行另有规定的除外。

④ 不得签发与其预留印章不符的支票。

⑤ 存款人领购支票必须填写"票据和结算凭证领用单"并签章。存款账户结清时必须将全部空白支票交回银行注销。

⑥ 作废的支票，不得扯去，应由签发单位自行注销，与存根折在一起注意保管，在结清销户时，连同未用空白支票一并缴还银行。

⑦ 在实务工作中支票为一联，将无误的支票按虚线撕开后持正本向银行提取现金或转账，存根作企业记账的依据。

⑧ 收款人凭支票正本支取现金，须在支票背面背书（盖收款人的公章或名章、本人身份证号码等），持票到签发人的开户银行支取现金，并按照银行的需要交验证件。

⑨ 已签发的现金支票遗失，可以向银行申请挂失。挂失前已经支付，银行不受理。

支票的填制方法如下。

① 签发支票时，必须使用钢笔或碳素墨水笔填写，按支票簿排定的页数顺序填写，字体不能潦草，也不能使用红色或易褪色的墨水。

② "签发日期"应填写实际出票日期，不得补填或预填日期，填写日期必须使用汉字大写，并且在填写月、日时，若月为壹、贰的，日为壹或玖，应在其前面加"零"，以防涂改。如 1 月 18 日应写为：零壹月壹拾捌日，3 月 9 日应写为：叁月零玖日。对"收款单位（或收款人）名称"栏必须填写清楚，如系本单位自行提取现金可填为"本单位"。

③ 大、小写金额必须填写齐全相符，如有错误不得更改，应另行签发；其他各栏填错，可在改正处加盖预留印鉴之一，予以证明。另外，在小写金额前应加填货币符号，如人民币用"¥"，美元用"$"等。

④ "签发单位名称"栏，应填写清楚；签发单位签章处应按预留印鉴分别签章，即"企业财务专用章"和"法人代表章"缺漏签章或签章不符时银行不予受理。

（2）3 日，职工周宏预借差旅费 3000 元。

借款单样式见图 2-3。

借 款 单

借款理由：　出差		
借款数额（大写）*叁仟元整*　————————————————————————¥3000.00		
		现金付讫
借款人签章　*周宏*　　*2013 年 3 月 3 日*		
单位负责人意见： 同意 　　　　　李义 　　　　　2013.3.3	会计主管人员意见： 　　情况属实，同意 　　　　　刘天明 　　　　　2013.3.3	

图 2-3

业务处理程序如下。

① 由借款人填写借款单，经主管会计、单位负责人审核签字后，由出纳付款，并在借支单上盖"现金付讫"章。

② 会计根据借款单编记账凭证，并登记相关账户的明细账；出纳登记现金日记账。

凭证说明如下。

① 借款人经有关部门领导人批准填写借款单，并送交财会部门办理借款手续。

② 财会部门对借款单审核无误后准予借款，支付现金，或开现金支票由借款人去银行提现金，将借款回执退回借款人。

③ 在实务工作中使用的借款单一般一式多联，用蓝色圆珠笔复写，也有单联的借款单。

（3）3日，接银行收款通知单，收到广西长虹大酒店前欠货款20 970元。

银行收款通知单式样见图2-4。

同城提入贷方凭证（收账通知） 桂 00623348
中国建设银行 China Construction Bank
2013年3月3日　　　代理网点号 01500

出票人	全称	广西长虹大酒店	收款人	全称	金浩日用品厂
	账号	258964875321564		账号	450145458795621
	开户银行	建行南宁长湖分行		开户银行	建行南宁金湖分行

人民币：贰万零玖佰柒拾元正（大写）

千	百	十	万	千	百	十	元	角	分
		¥	2	0	9	7	0	0	0

备注：凭证种类：　摘要：

中国建设银行 南宁金湖分行 2013.03.03 业务清讫

银行章：

图2-4

业务处理程序如下。

① 出纳从银行取得收款通知单，交给会计。

② 会计根据收款通知单填制记账凭证，登记应收账款明细账；出纳登记银行存款日记账。

（4）4日，从南宁市桂南钢铁公司购入钢板10吨，增值税发票上注明价款为28 600元，增值税4 862元，材料已验收入库，开出转账支票支付货款。

材料入库单式样见图2-5，增值税专用发票式样见图2-6，转账支票式样见图2-7，进账单式样见图2-8。

金浩日用品厂材料入库单

2013年3月4日　　　第1号

供应单价：南宁市桂南钢铁公司　　发票号125646　　第二联：交会计部门

商品编号	商品名称	单位	规格	应收数量	实收数量	进价单价	进价金额
	钢板	吨		10	10	2860	28 600
合计	（大写）贰万捌仟陆佰元整						¥28 600

主管 谢中　　复核 肖宁明　　制单 吕右通　　验收人 王小定

图2-5

广西增值税专用发票

450007414　　　　　　　　　　　　　　　№125646

2013 年 3 月 4 日

购货单位	名　称：	金浩日用品厂							
	纳税人识别号：	450121168168168							
	地址、电话：	南宁市金湖路 66 号							
	开户行及账号：	建行南宁金湖分行 450145458795621							

密码区：78>>89*/-912568-+0153/*568135-/*0412 加密版本：0100121=//*451<4563*/15-185*/01-+15156

货物或应税劳务名称	规格型号	单位	数量	单价	金额	税率	税额
钢板		吨	10	2860	28600.00	17%	4862.00
合计							

价税合计（大写）　　叁万叁仟肆佰陆拾贰元整　　　　（小写）¥33 462.00

销货单位	名　称：	南宁桂南钢铁公司
	纳税人识别号：	450100200210085
	地址、电话：	南宁市五一路 4823673
	开户行及账号：	建行五一办 010003726

备注：南宁市桂南钢铁公司 450100200210085 发票专用章

收款人：　　　复核：韦华　　　开票人：王明　　　销货单位：（章）

第二联：发票联　购货方记账凭证

图 2-6

中国建设银行 转账支票

中国建设银行
转账支票存根
NO
附加信息 _____
签发日期　年月日

本支票付款期十天

出票日期：　年　月　日　付款行名称：
收款人：　　　　出票人账号：

人民币（大写）	千	百	十	万	千	百	十	元	角	分

收款人：
金　额：
用　途：

用途：
上列款项请从我账户支付
出票人签章

单位主管　会计　　　　　　复核　　　记账

图 2-7

中国建设银行 CHINA CONSTRUCTION BANK 进账单 （回 单） 1

年 月 日

出票人	全 称		收款人	全 称									
	账 号			账 号									
	开户银行			开户银行									
金额	人民币（大写）				亿	千	百	十	万	千	百	十	元	角	分

票据种类		票据张数		
票据号码				

复核　　　记账　　　　　　　　　　　　　开户银行签章

图 2-8

业务处理程序如下。

① 采购员交来增值税发票，仓库交来材料入库单。

② 会计审核增值税发票和入库单后，通知出纳付款。

③ 出纳填写转账支票，经主管会计签字盖章后，到银行办理转账，并取回支票存根联。

④ 会计根据上述原始凭证，填制记账凭证，并登记相关明细账；出纳登记银行存款日记账。

凭证说明如下。

① 增值税专用发票。

增值税专用发票，是增值税一般纳税人销售货物或者提供应税劳务开具的发票，是购买方支付增值税额并可按照增值税有关规定据以抵扣增值税进项税额的凭证。作为扣税凭证使用的专用发票，只限于增值税一般纳税人领购使用，增值税小规模纳税人和非增值税纳税人不得领购使用。

增值税专用发票由基本联次或者基本联次附加其他联次构成，基本联次为三联。

第一联：发票联，作为购买方核算采购成本和增值税进项税额的记账凭证。

第二联：抵扣联，作为购买方报送主管税务机关认证和留存备查的凭证。

第三联：记账联，作为销售方核算销售收入和增值税销项税额的记账凭证。

② 转账支票。

转账支票是出票人签发的，委托办理支票存款业务的银行在见票时无条件支付确定的金额给收款人或持票人的票据；在银行开立存款账户的单位和个人客户，在同一票据结算区的各种款项结算，均可签发转账支票，委托开户银行办理付款手续。转账支票只能用于转账。

转账支票的填写方法同现金支票。

③ 进账单。

银行进账单是持票人或收款人将票据款项存入收款人在银行账户的凭证，也是银行将票据款项记入收款人账户的凭证。

持票人填写银行进账单时，必须清楚地填写票据种类、票据张数、收款人名称、收款人开户银行及账号、付款人名称、付款人开户银行及账号、票据金额等栏目，并连同相关票据一并交给银行经办人员。对于二联式银行进账单，银行受理后，应在第一联上加盖转讫章并退给持票人，持票人凭此记账。

（5）5日，开出转账支票支付产品宣传广告费6000元。

转账支票式样见图2-9，进账单式样见图2-10，收费统一收据式样见图2-11。

中国建设银行

转账支票存根

NO

附加信息 ______

签发日期　　年　月　日

收款人：
金　额：
用　途：

单位主管　　会计

中国建设银行 China Construction Bank　转账支票

本支票付款期十天

出票日期：　　年　　月　　日　付款行名称：

收款人：　出票人账号：

人民币（大写）	千	百	十	万	千	百	十	元	角	分

用途 ______

上列款项请从我账户支付

出票人签章

复核　　记账

图2-9

中国建设银行 China Construction Bank　进　账　单　（回　单）　1

年　月　日

出票人	全　称		收款人	全　称	
	账　号			账　号	
	开户银行			开户银行	

金额	人民币（大写）	亿	千	百	十	万	千	百	十	元	角	分

票据种类		票据张数		
票据号码				
复核　　记账				开户银行签章

图2-10

广西壮族自治区事业性收费统一收据 A 桂 O

№ 2145456

2013 年 3 月 5 日

交款单位	金浩日用品厂			100032100								第
收费项目	数量	收费标准	金 额									二联
			十万	万	千	百	十	元	角	分		收
广告费				6	0	0	0	0	0	0		据
				¥	6	0	0	0	0	0		
合计金额(大写)	零 拾零 万陆 仟零 佰零 拾零元零 角零 分											
备注		结算方式										

收款单位（公章） 财务主管（章） 收款人（章）林敏

图 2-11

业务处理程序如下。

① 出纳开出转账支票，经主管会计签字盖章后，到银行办理转账手续，取回转账支票存根，并取回电视台收款收据交会计。

② 会计填制记账凭证，并登记期间费用明细账；出纳登记银行存款日记账。

（6）5 日，向南宁君悦酒店出售餐车一批，价款 25 900 元，增值税 4 403 元，货物已由客户提走，货款已收（TL 餐车 10 台，不含税单价 850 元/台；TM 餐车 15 台，不含税单价 560 元/台；TS 餐车 20 台，不含税单价 450 元/台，税率 17%）。

收款凭证样式见图 2-12，增值税专用发票式样见图 2-13。

金浩日用品厂商品出库单

2013 年 3 月 5 日   第 号

商品编号	商品名称	单位	规格	发出数量	加权单价	金额	备注
	餐车		TL	10			
	餐车		TM	15			
	餐车		TS	20			
合计						¥	

主管 谢中   复核 肖宁明   制单 吕右通   发货人 王小定

图 2-12

业务处理程序如下。

① 由产成品库存开出库单。

② 由会计开出增值税发票。

③ 出纳到银行办理进账手续后，将进账单交会计。

④ 会计填制记账凭证，登记明细账；出纳登记银行存款日记账。

（7）7 日，支付上月应交增值税 26 386 元，城建税 1 847 元，教育费附加 792 元。

税收通用缴款书样式见图2-14、图2-15。

广西增值税专用发票

45401274254

№125726

年　月　日

<table>
<tr><td rowspan="4">购货单位</td><td>名　　称：</td><td colspan="5" rowspan="4"></td><td rowspan="3">密码区</td><td colspan="3">78>>89*/-912568-+0153/*568135-/04</td></tr>
<tr><td>纳税人识别号：</td><td colspan="3">12 加密版本：</td></tr>
<tr><td>地址、电话：</td><td colspan="3">0100121=//*451<4563*/15-185*/01-+15</td></tr>
<tr><td>开户行及账号：</td><td colspan="3">156</td></tr>
<tr><td>货物或应税劳务名称</td><td>规格型号</td><td>单位</td><td>数量</td><td>单价</td><td>金额</td><td colspan="2">税率</td><td colspan="2">税额</td></tr>
<tr><td>合计</td><td></td><td></td><td></td><td></td><td></td><td colspan="2"></td><td colspan="2"></td></tr>
<tr><td>价税合计（大写）</td><td colspan="4"></td><td colspan="5">（小写）</td></tr>
<tr><td rowspan="4">销货单位</td><td>名　　称：</td><td colspan="4" rowspan="4"></td><td rowspan="4">备注</td><td colspan="3" rowspan="4"></td></tr>
<tr><td>纳税人识别号：</td></tr>
<tr><td>地址、电话：</td></tr>
<tr><td>开户行及账号：</td></tr>
</table>

收款人：　　　　　复核：　　　　开票人：　　　　　　　　销货单位：（章）

第三联：记账联　销货方记账凭证

图 2-13

中 华 人 民 共 和 国

隶属关系：　**税 收 通 用 缴 款 书**（2013）桂地缴电 1258642 号

注册类型：有限责任公司　填发日期 *2013 年 3 月 5 日*　征收机关：青秀区分局

<table>
<tr><td rowspan="4">缴款单位（人）</td><td>代码</td><td colspan="2">450121168168168</td><td rowspan="2">预算科目</td><td>编码</td><td colspan="2">030400</td></tr>
<tr><td>全称</td><td colspan="2">金浩日用品厂</td><td>名称</td><td colspan="2">城建税，教育附加税</td></tr>
<tr><td>开户银行</td><td colspan="2">建行南宁金湖分行</td><td rowspan="2">级次</td><td rowspan="2" colspan="2">自治区40%，青秀(区)60%</td></tr>
<tr><td>账号</td><td colspan="2">450145458795621</td></tr>
<tr><td colspan="3">税款所属时期 2013.02.01——2013.02.28</td><td>收款国库</td><td colspan="2">高新区金库(12)</td></tr>
<tr><td colspan="4"></td><td colspan="3">税款限缴日期 2013 年 3 月 10 日</td></tr>
<tr><td>品目名称</td><td>课税数量</td><td>计税金额或销售收入</td><td>税率或单位税额</td><td colspan="2">已缴或扣除额</td><td>实缴金额</td></tr>
<tr><td>城建税</td><td></td><td>26 386</td><td>7%</td><td colspan="2" rowspan="2"></td><td>1 847</td></tr>
<tr><td>教育费附加</td><td></td><td>26 386</td><td>3%</td><td>792</td></tr>
<tr><td>金额合计（大写）</td><td colspan="4">（大写）贰仟陆佰叁拾玖元正</td><td colspan="2">￥2639.00</td></tr>
<tr><td>缴款单位（人）
（盖章）
经办人（章）</td><td colspan="2">税务机关
（盖章）
填票人（章）</td><td colspan="3">上列款项已收妥并划转收款单位账户
国库（银行）盖章　年　月　日
逾期不缴按税法规定加收滞纳金</td><td>备注 正常税款</td></tr>
</table>

无银行收讫章无效

中国建设银行 南宁金湖分行 2013.03.05 业务清讫

第一联（收据）国库（银行）收款盖章后退缴款单位（人）作完税凭证

图 2-14

中　华　人　民　共　和　国

隶属关系：　税　收　通　用　缴　款　书　（2013）桂国缴电 258811 号

注册类型：有限责任公司　　填发日期 2013 年 3 月 5 日　征收机关：青秀区分局

缴款单位（人）	代码	450121168168168		预算科目	编码	0302111
	全称	金浩日用品厂			名称	增值税
	开户银行	建行南宁金湖分行			级次	
	账号	45014545879562		收款国库	高新区金库(12)	

税款所属时期 2013.02.01——2013.02.28　　税款限缴日期 2013 年 3 月 5 日

无银行收讫章无效

品目名称	课税数量	计税金额或销售收入	税率或单位税额	已缴或扣除额	实缴金额
增值税		中国建设银行 南宁金湖分行 ★ 2013.03.05 ★ 业务清讫	17%		26 386
金额合计（大写）		（大写）贰万陆仟叁佰捌拾陆圆整			¥26386.00

缴款单位（人） （盖章） 经办人（章）	税务机关 （盖章） 填票人（章）	上列款项已收妥并划转收款单位账户 国库（银行）盖章　年　月　日 逾期不缴按税法规定加收滞纳金	备注 正常税款

第一联收据国库银行收款盖章后退缴款单位（人）作完税凭证

图 2-15

　　业务处理程序：出纳从银行取回税收缴款书，交会计填制记账凭证，登记应交税金明细账；出纳登记银行存款日记账。

　　（8）10 日，以现金支付业务招待费 860 元。

　　餐饮费发票样式见图 2-16。

盖章与□□单位名称不符无效
除顾客名称外不得填写无效

广西南宁市

桂 A019

No.012342351

地方税务局监制

顾客名称：**金浩日用品厂**
开票日期：2013-3-10
发票号码：0003568　　　　现金付讫
开票单位：

税号：1522142
收款机号：038
餐饮费：860.00
合计　860.00
人民币　捌佰陆拾元整
电话：2223658　收款员：02
　　开票单位(盖章有效)

450112346257877

二〇一二年九月　广西瑞熙特种票证印务有限公司印制

图 2-16

业务处理程序如下。

① 经办人员将发票交主管会计审核签字后，转交给出纳付款；出纳支付现金后，并在发票上盖"现金付讫"章，将发票交会计。

② 会计填制记账凭证，并登记管理费用明细账；出纳登记现金日记账。

（9）10 日，支付合同违约金 200 元，开出现金支票支付。

违约金发票样式见图 2-17，现金支票样式见图 2-18。

广西南宁市服务业发票

发票代码：452155301

发票号码：325647

客户名称：金浩日用品厂　　　　　2013 年 3 月 10 日

服务项目	单位	数量	单价	满万元无效	金额					
					千	百	十	元	角	分
合同违约金						2	0	0	0	0
金额（大写）贰佰元整					￥	2	0	0	0	0

开票单位：（未盖章无效）　　　　　　开票人：程顺　　　收款人：

图 2-17

中国建设银行 现金支票

中国建设银行 现金支票存根 NO 附加信息 _____ 签发日期　年　月　日	本支票付款期十天	出票日期：　年　月　日　付款行名称： 收款人：　　　　　出票人账号：

收款人：

金额：

用途：

人民币（大写）	千	百	十	万	千	百	十	元	角	分

用途

上列款项请从

我账户内支付

单位主管　会计　　出票人签章　　　　　复核

图 2-18

（10）10 日，从武汉钢铁公司购入钢材 20 吨，增值税发票上注明价款 78 000 元，增值税13 260 元，运费 4 000 元，材料已验收入库，货款未付。

货物运输发票样式见图 2-19，材料入库单样式见图 2-20，增值税专用发票样式见图 2-21。

湖北武汉南服务业发票　　发票代码：352153354

发票号码：01252146

客户名称：金浩日用品厂　　　　2013 年 3 月 8 日

服务项目	单位	数量	单价	满万元无效	千	百	十	元	角	分
货物运输					4	0	0	0	0	0
金额（大写）肆仟元整					4	0	0	0	0	0

开票单位：（未盖章无效）　　开票人：吴小琳　　收款人：

图 2-19

金浩日用品厂材料入库单

2013 年 3 月 10 日　　　　　　第　号

供应单价：武汉钢铁公司　　　发票号：

商品编号	商品名称	单位	规格	应收数量	实收数量	进价单价	进价金额
	钢材	吨		20	20	3900	78000
合计	（大写）柒万捌仟元整						￥78000

主管 谢中　　复核 肖宁明　　制单 吕右通　　验收人 王小定

图 2-20

广西增值税专用发票

320007412

№12586

2013 年 3 月 8 日

购货单位	名　称：	金浩日用品厂				密码区	78*>89*/-912568-+0153/*568135-/*0412 加密版本：0100121=//*451<4563*/15-185*/01-+15156
	纳税人识别号：	450121168168168					
	地址、电话：	南宁市金湖路 66 号 0771-5526356					
	开户行及账号：	建行南宁金湖分行 450145458795621					

货物或应税劳务名称	规格型号	单位	数量	单价	金额	税率	税额
钢材		吨	20	3900	78000	17%	13260
合计					¥78000		￥13260.00

价税合计（大写）	玖万壹仟贰佰陆拾元整	（小写）￥91260.00

销货单位	名　称：	武汉钢铁公司	备注	武汉钢铁公司 3200022565666 发票专用章
	纳税人识别号：	3200022565666		
	地址、电话：	汉口铜铃路 15 号		
	开户行及账号：	交通银行东港分理处		

收款人：　　　　复核：　　　　开票人：　　　　销货单位：（章）

图 2-21

（11）10 日，根据工资汇总表，签发转账支票委托开户银行将实发工资转入工资存款户（开户银行：中国建设银行金湖分行，账号：金浩日用品厂工资户张云高等）。

转账支票样式见图 2-22，工资汇总表见表 2-1。

中国建设银行　转账支票 China Construction Bank

中国建设银行 转账支票存根 NO 附加信息 _____ _____ 签发日期　年 月 日	本支票付款期十天	出票日期：　年　月　日 收款人：	付款行名称： 出票人账号：

收款人：	
金　额：	
用　途：	

人民币（大写）	千	百	十	万	千	百	十	元	角	分

用途

上列款项请从我账户内支付

出票人签章

单位主管　　会计　　　　　　　复核　　　记账

图 2-22

表 2-1

工资汇总表

2013 年 3 月 10 日

部　门		应付工资			应付工资	代扣款项			实发工资
		标准工资	津贴	奖金		水电费	医疗保险	个人所得税	
车间	生产工人（33 人）	54870	12292	4950	72112	3470	2145	356	66141
	管理人员（4 人）	9018	2021	840	11879	381	295	256	10947
厂部管理人员（8 人）		21435	6354	1600	29389	1685	576	543	26585
总计		85323	20667	7390	113380	5536	3016	1155	103673

　　业务处理程序：出纳按实发工资数，开出转账支票转出工资款，将转账支票存根，交会计填记账凭证，登记应付职工薪酬明细账；出纳登记银行存款日记账。

　　（12）10 日从建行取得流动资金借款 35 万元，已存入银行。

　　企业流动资金借款凭证样式见图 2-23。

中国建设银行 China Construction Bank　企业流动资金借款凭证（第四联代贷款通知）

借款单位：金浩日用品厂　　2013 年 3 月 10 日　　　第 256 号

贷款种类	流动资金贷款	贷款账号	4500100201234	存款账号				450145458795621						
借款金额	人民币（大写）叁拾伍万元整			百	十	万	千	百	十	元	角	分		
				¥	3	5	0	0	0	0	0	0		
借款用途及原因	生产用流动资金	还款日期	2013 年 8 月 10 日											

兹向你行借列款项，到期由我单位主动归还或从单位存款账户中扣收，我单位愿遵守建设银行贷款办法的各项规定。

借款单位盖章（留存银行印鉴）

张云高印

上述借款，根据 57 号合同，月息 4.86‰，每月付息

经办人意见：同意。韦一山

业务负责人意见：同意 袁平　　业务部门签章

主管行长意见：同意。邓帮和

2013 年 3 月 10 日

记账　　年　月　　日

会计　　复核　　记账

图 2-23

　　（13）11 日，开出转账支票支付桂邕物资公司货款 146 832 元。

　　转账支票样式见图 2-24，进账单样式见图 2-25。

中国建设银行

转账支票存根

NO

附加信息 ＿＿＿＿＿＿＿

＿＿＿＿＿＿＿＿＿＿

签发日期　　年 月 日

| 收款人： |
| 金　额： |
| 用　途： |

单位主管　　会计

本支票付款期十天

中国建设银行 China Construction Bank　转账支票

出票日期：　　年　月　日　付款行名称：
收款人：　　　　　　　　　出票人账号：

人民币 （大写）	千	百	十	万	千	百	十	元	角	分

用途 ＿＿＿＿＿＿＿
上列款项请从我账户内支付
出票人签章

复核　　　记账

图 2-24

中国建设银行 China Construction Bank　进 账 单　　（回　单）　　1

年　月　日

出票人	全　称		收款人	全　称											
	账　号			账　号											
	开户银行			开户银行											
金额	人民币 （大写）				亿	千	百	十	万	千	百	十	元	角	分
	票据种类		票据张数												
	票据号码														
		复核　　　记账										开户银行签章			

图 2-25

业务处理程序如下。

① 出纳开出转账支票，经主管会计审核签字后盖"财务专用章"和"法人代表章"；出纳到银行办理转账手续，取回转账支票存根，交会计。

② 会计填制记账凭证，并登记应付账款明细账；出纳登记银行存款日记账。

（14）11 日，销售给天马家具城餐车一批，价款 300 500 元，增值税 51 085 元，合同约定用托收承付结算方式，发票及运单已交开户银行办理托收（TL 餐车 150 台，单价 830 元；TM 餐车 160 台，单价 550 元；TS 餐车 200 台，单价 440 元。天马家具城地址：广东湛江市滨城路 25 号，开户银行及账号：广东湛江市工行滨城支行 32568978）。

托收承付凭证样式见图 2-26，商品出库单样式见图 2-27，增值税专用发票样式见图 2-28。

中国建设银行 China Construction Bank

托 收 承 付 凭证（回单）　　　　托收号码：2458484

委托日期 2013 年 3 月 11 日

付款人	全称	天马家具城	收款人	全称	金浩日用品厂										此联是收款人开户银行给收款人的回单
	账号或地址	32568978		账号	450145458795621										
	开户银行	工行滨城支行		开户银行	建行南宁金湖分行			行号		4050					
托收银行	人民币：叁拾伍万壹仟伍佰捌拾伍元正（大写）		中国建设银行 南宁金湖分行 2013.03.11 **业务清讫**			万	千	百	十	元	角	分			
						5	1	5	8	5	0	0			
附件		商品发运情况			合 同 名 称 号 码										
附寄单证张数或册数		运单 013385#													
备注：		款项收妥日期 年 月 日			（收款人开户银行盖章）月　日										

图 2-26

金浩日用品厂商品出库单

2013 年 3 月 11 日　　　　　　第 　号

商品编号	商品名称	单位	规格	发出数量	加权单价	金额	备注
	餐车		TL	150			
	餐车		TM	160			
	餐车		TS	200			
合计						¥	

主管 *谢中*　　复核 *肖宁明*　　　制单 *吕右通*　　发货人 *王小定*

图 2-27

广西增值税专用发票

45401274254

№256448

记 账 联

开票日期: 年 月 日

密码区
```
78>>89*/-912568-+0153/*568135-/*0412
加  密  版  本
0100121=//*451<4563*/15-185*/01-+15156
```

购货单位	名 称：								
	纳税人识别号：								
	地址、电话：								
	开户行及账号：								

货物或应税劳务名称	规格型号	单位	数量	单价	金额	税率	税额
合计							

价税合计（大写）		（小写）

销货单位	名 称：		备注	
	纳税人识别号：			
	地址、电话：			
	开户行及账号：			

收款人： 复核： 开票人： 销货单位：（章）

图 2-28

（15）12 日，收到银行付款通知支付电话费 2 536.4 元。

电信业务专用发票样式见图 2-29，特种转账借方凭证见图 2-30。

南宁市本地网电信业务专用发票

第 联：发票联

桂 A 215016

(09)ANo.4256885

受理编号：110170582

2013 年 3 月 12 日

用户名称	金浩日用品厂	电话号码	5526356
收费事由	2013．2 月电信通信费	流水号	10111023258
用户地址	南宁市金湖路 66 号		

本月实收：0.00	上月预存：	本月话费：2536.40
往月欠费：0.00	违约金：0.00	
月租费：35.00	市话费：781.00	长话费：1664.40	本地网费：56.00

合计(大写)	贰仟伍佰叁拾陆元肆元整	（小写）	￥2536.40

开票单位(盖章有效) 开票人： 陆静 (手写无效)

发票专用章

图 2-29

中国建设银行
China Construction Bank

特 种 转 账 借 方 凭 证

币别：人民币　　　　　　2013 年 3 月 12 日　　　　　流水号：3630-21

付款人	全　称	金浩日用品厂	收款人	全　称	广西区电信公司南宁分公司
	账　号	450145458795621		账　号	42568955855688635
	汇出行名称	建行南宁金湖分行		汇入行名称	建行南宁园湖北湖支行

金额	（大写）贰仟伍佰叁拾陆元肆角整	亿	千	百	十	万	千	百	十	元	角	分
							￥	2	5	3	6	4	0

用途	代扣电信通信费

中国建设银行
南宁金湖分行
★ 2013.03.12 ★
业 务 清 讫

客户签章

第二联 客户回单

图 2-30

（16）13 日，以现金支付给南宁市会计培训中心财会人员后续教育培训费 760 元。培训费收据样式见图 2-31。

广西壮族自治区事业性收费统一收据 A　桂 O23564

事业性收费

№ 4874025

2013 年 3 月 13 日

交款单位	金浩日用品厂	收费许可证字号	10003600

收费项目	数量	收费标准	金　额							
			十	万	千	百	十	元	角	分
后续教育培训费	2					7	6	0	0	0
						￥	7	6	0	0	0

现金付讫

合　计

合计金额（大写）	零拾零万零仟柒佰陆拾零元零角零分
备注		结算方式	现金

收款单位（公章）　　　　　财务主管（章）　　　　　收款人（章）
周活

第二联 收据

图 2-31

（17）14 日，上月售给万达饭店的 TL 餐车，有两台出现质量问题，对方要求退货，销售部门核实后接受退货，货已退回并验收入库，开出红字发票，注明价款 1 700 元，增值税 289 元，原货款未收（收回的退货单独处理）。

增值税专用发票样式见图 2-32，商品入库单样式见图 2-33。

广西增值税专用发票

450007414  №23565

发票联

年 月 日

购货单位	名　　称：		密码区	78>>89*/-912568-+0153/*568135-/*0412 加密版本：0100121=//*451<4563*/15-185 */01-+15156
	纳税人识别号：			
	地址、电话：			
	开户行及账号：			

货物或应税劳务名称	规格型号	单位	数量	单价	金额	税率	税额
合计							

价税合计（大写）			（小写）	

销货单位	名　　称：		备注	
	纳税人识别号：			
	地址、电话：			
	开户行及账号：			

收款人：　　　　　复核：　　　　　开票人：　　　　　销货单位：（章）

国税函〔2004〕123 号广西印刷厂

第二联：发票联　购货方记账凭证

图 2-32

金浩日用品厂商品入库单

2013 年 3 月 14 日　　　　　　　　第 号

供应单价：万达饭店　　　　　　备注：质量问题，万达饭店退上月所购 TL 餐车

商品编号	商品名称	单　位	规　格	应收数量	实收数量	进　价	
						单　价	金　额
	餐车	台	TL	2	2		
合计		（大写）					

第二联：交会计部门

主管 *谢中*　　　复核 *肖宁明*　　　制单 *吕右通*　　　验收人 *王小定*

图 2-33

　　业务处理程序：会计根据仓库的产品入库单，开出红字增值税发票。经主管会计审核签字后，填制记账凭证，并登记相关账户的明细账。

（18）17 日，预收扶绥千百度百货公司货款 100 000 元。

收款凭证样式见图 2-34。

中国建设银行 China Construction Bank

电子汇划划（收）款补充报单 2　　**No.625897**

币别：人民币　　　　　2013 年 3 月 17 日　　　　流水号：235684

付款人	全　称	扶绥千百度百货公司	收款人	全　称	南宁市星云百货公司
	账　号	45035647985642		账　号	450145458795621
	开户行	农行扶绥县支行		开户行	建行南宁金湖分行
金额	（大写）壹拾万元正			¥100000.00	
用途	货款				

中国建设银行
南宁金湖分行
★ 2013.03.17 ★
业 务 清 讫

第二联　客户回单

银行盖章

图 2-34

（19）17 日，出售不需用的材料 1560 元，增值税 265.2 元，收到现金，并存入银行（重量 3120 千克，单价 0.5 元/千克，该批材料的成本为 1300 元）。

现金交款单样式见图 2-35，增值税专用发票样式见图 2-36。

中国建设银行 China Construction Bank

现 金 交 款 单

币别：人民币　　　　　2013 年 3 月 17 日

单位填写	全称	金浩日用品厂		款项来源		销货收入						
	账号	450145458795621		交款部门		建行南宁金湖分行						
	（大写）壹仟捌佰贰拾伍元贰角正		百	十	万	千	百	十	元	角	分
						¥	1	8	2	5	2	0

银行确认档	交易日期：20081210 币别：人民币 账号：450145458795621 户名：金浩日用品厂 交易码　　收付　　金额　　交易流水号 024512　收　　476203　　450115464 收入金额：476203　　付出金额：0.00 实收：476230　　柜员号：002428 现金回单（无银行打印记录及银行签章此单无效）

中国建设银行
南宁金湖分行
★ 2013.03.17 ★
业 务 清 讫

此联由银行盖章后退回单位

复核　　　　　录入　　　　　出纳

图 2-35

广西增值税专用发票

450007414  №23565

发票联

开票日期：　　　　年　月　日

购货单位	名　　　称：				密码区	78>>89*/-912568-+0153/*568135-/*0412 加密版本：0100121=//*451<4563*/15-185*/01-+15156	
	纳税人识别号：						
	地址、电话：						
	开户行及账号：						

货物或应税劳务名称	规格型号	单位	数量	单价	金额	税率	税额
合计							
价税合计（大写）					（小写）		

销货单位	名　　　称：			备注	
	纳税人识别号：				
	地址、电话：				
	开户行及账号：				

收款人：　　　　复核：　　　　开票人：　　　　销货单位：（章）

第二联：发票联　购货方记账凭证

国税函〔2004〕123 号广西印制

图 2-36

（20）18 日，以现金从华兴文具店购买打印纸等办公用品 205 元。

购置办公用品发票样式见图 2-37，购买清单见图 2-38。

广西壮族
自治区　南宁市货物销售统一发票

发票联

发票代码：1234565870

发票号码：0012400149

客户名称：金浩日用品厂　　　　　2013 年 3 月 18 日

货　物　名　称	规　格	单位	数量	单价	金额					
					千	百	十	元	角	分
办公用品						2	0	5	0	0
（详见购买清单）										
金额（大写）贰佰零伍元整				¥		2	0	5	0	0

现金付讫

满万元无效

开票单位：（未盖章无效）　　　　开票人：李敏　　　　收款人：

南宁市金伦文具有限责任公司
450121012336258
发票专用章

第二联：发票联（报销凭证）

桂 AO4016广西瑞耀特种票证印务有限公司承印

图 2-37

发货清单

名称：金浩日用品厂 　　　　　　　　　　　　　　　　　　　　*2013 年 3 月 18 日*

品名及规格	单位	数量	单价	单价	金　额							
					十	万	千	百	十	元	角	分
打印纸 A470 克	包	5	21.00					1	0	5	0	0
墨水	盒	2	5.00						1	0	0	0
签字笔黑	支	50	1.00						5	0	0	0
签字笔红	支	40	1.00						4	0	0	0
合计（大写）贰佰零伍元整								￥	2	0	5	0	0

发货人：何云　　　　　提货人：　李小雁

电话：　　　　　　　　电话：

图 2-38

（21）19 日，开出转账支票支付餐车质量检测费 1600 元。

餐车质量检测费收据样式见图 2-39，转账支票样式见图 2-40，进账单样式见图 2-41。

广西壮族自治区事业性收费统一收据A 桂O　　№ 4874025

事业性收费　　　*2013 年 3 月 19 日*

交款单位	金浩日用品厂		收费许可证字　号	10002102								
收费项目		数　量	收费标准	金　额								
				十	万	千	百	十	元	角	分	
餐车质量检测费						1	6	0	0	0	0	
合　计					￥	1	6	0	0	0	0	
合计金额(大写)	零 拾零 万壹 仟 陆佰零 拾零 元零 角零 分											
备注												

收款单位（公章）　　　　财务主管（章）　　　　收款人（章）李肖

图 2-39

中国建设银行 China Construction Bank 转账支票

中国建设银行 转账支票存根 NO 附加信息 ______ ______ 签发日期 年 月 日	本支票付款期十天	出票日期： 年 月 日 付款行名称： 收款人： 出票人账号：

人民币（大写）	千	百	十	万	千	百	十	元	角	分

收款人：	
金 额：	
用 途：	

用途 ______

上列款项请从我账户内支付

出票人签章

单位主管 会计 复核 记账

图 2-40

中国建设银行 China Construction Bank 进 账 单 （回 单） 1

年 月 日

出票人	全 称		收款人	全 称	
	账 号			账 号	
	开户银行			开户银行	

金额	人民币（大写）	亿	千	百	十	万	千	百	十	元	角	分

票据种类		票据张数		开户银行签章
票据号码				
复核 记账				

图 2-41

（22）21 日，收银行存款利息 1 725.5 元。

计收（付）利息清单样式见图 2-42。

（23）21 日，支付本季度短期借款利息 3 710 元。支付银行结算手续费 104 元。（短期贷款年利率为 5.3%）

业务收费凭证样式见图 2-43，计收（付）利息清单样式见图 2-44。

中国建设银行 China Construction Bank

计收（付）利息清单（收款通知）

2013 年 3 月 21 日

户名	金浩日用品厂		
计息起止时间	2012 年 12 月 21 日至 2013 年 3 月 20 日		
存款账号	计息日积数	年利率	利息金额
450145458795621	59 160 000	1.05%	1725.50

中国建设银行
南宁金湖分行
★ 2013.03.21 ★
业 务 清 讫

贵单位上述存款利息
已存入贵单位账户

复核 花平　　记账 伍小兵

图 2-42

中国建设银行 China Construction Bank

业 务 收 费 凭 证

币种：人民币　　　　2013 年 3 月 25 日　　　　流水号：450604466115622258

付款人 金浩日用品厂			账号 450145458795621		
项 目 名 称	工 本 费	手 续 费	电子汇划费		金 额
银行结算手续费	0.00	104			RMB104
			中国建设银行 南宁金湖分行 ★ 2013.03.25 ★ 业 务 清 讫		
金额（大写）人民币壹佰零肆元正					RMB104
付款方式					

业务类型：

图 2-43

中国建设银行 China Construction Bank

计收（付）利息清单（付款通知）

2013 年 3 月 21 日

中国建设银行
南宁金湖分行
★ 2013.03.21 ★
业 务 清 讫

户名	金浩日用品厂		
计息起止时间	2012 年 12 月 21 日至 2013 年 3 月 20 日		
存款账号	计息日积数	年利率	利息金额
450145458795621	25 200 000	5.30%	3710.00

贵单位上述应偿借款利息
已从贵单位账户划出

复核 花平　　记账 伍小兵

图 2-44

（24）23 日，收天马家具城货款 351585 元。

托收承付凭证样式见图 2-45。

中国建设银行 China Construction Bank

托 收 承 付 凭 证（收款通知） 托收号码：2458484

委托日期 2013 年 3 月 21 日

付款人	全称	天马家具城	收款人	全称	金浩日用品厂										此联是收款人开户银行给收款人的收款联
	账号或地址	32568978		账号	450145458795621										
	开户银行	工行滨城支行		开户银行	建行南宁金湖分行			行号		4050					

托收银行	人民币（大写）：叁拾伍万壹仟伍佰捌拾伍元整	千	百	十	万	千	百	十	元	角	分
			￥	3	5	1	5	8	5	0	0

附 件	商品发运情况	合同名称号码
附寄单证张数或册数	运单 013385#	

备注：　　　　　　　款项收妥日期

中国建设银行　月　日
南宁金湖分行
★ 2013.03.23 ★
业 务 清 讫

（收款人开户银行盖章）月 日

图 2-45

（25）24 日，领取现金 5 000 元备用。

现金支票样式见图 2-46。

中国建设银行

现金支票存根
NO
附加信息 _____

签发日期　年　月　日

收款人：
金　额：
用　途：

单位主管　　会计

本支票付款期十天

中国建设银行 China Construction Bank **现金支票**

出票日期：　年　月　日　付款行名称：
收款人：　　　　　　出票人账号：

人民币（大写）	千	百	十	万	千	百	十	元	角	分

用途：
上列款项请从
我账户内支付
出票人签章　　　　　复核　　　记账

图 2-46

（26）24 日，周宏报销差旅费 2 460 元。收回现金 540 元。

差旅费报销单、票据和票据粘贴单样式见图 2-47 至图 2-51。

差旅费报销单

报销部门：财务部　　　　填报日期：2013 年 3 月 24 日

姓名	周宏	职别	主管会计	出差事由	开会

出差起止日期自 2013 年 3 月 11 日起至 2013 年 3 月 14 日止　共 5 天附单据 4 张

日期		起讫地点	天数	机票费	车船费	市内交通费	住宿费	出差补助	其他	小计
月	日									
12	1	南宁—成都			343	20	1140	614		2117.00
12	4	成都—南宁			343					343.00
		合计			￥686	￥20	￥1140	￥614		￥2460.00

总计金额（大写）	贰仟肆佰陆拾元整	预支￥3000.00元

负责人　　会计　　出纳　　部门主管 乔明院　　出差人周宏

图 2-47

D 004687　　南宁 售

南宁　　成都　K140

2013 年 3 月 11 日 7：45 开 05 车 48 号下辅

全 价 343. 00 元　新空调硬座快速卧

限乘当日当次车

在 4 日内到有效

36173100100605D004687 661357063458796215

G 453421　　成都 售

成都　　南宁　K141

2013 年 3 月 14 日 17：32 开 8 车 14 号下辅

全 价 343. 00 元　新空调硬座快速卧

限乘当日当次车

在 4 日内到有效

36173100100605G453421 661357063987534109

图 2-48

四川省成都市 道 路 客 运 定 额 发 票

发票联

贰 拾 元

（票价含旅保金、公建金）

发票代码：365010411358

发票号码：05214568

收款单位（盖章有效）

或个人

年 月 日

此联为报销凭据

图 2-49

四川成都市服务业发票

发票代码：5321465301

发票号码：4689531

发 票 联

客户名称：金浩日用品厂

2013 年 3 月 14 日

服务项目	单位	数量	单价		金 额					
					千	百	十	元	角	分
住宿	天	3	380	满万元无效	1	1	4	0	0	0
					1	1	4	0	0	0

金额（大写）

开票单位：（未盖章无效）　　开票人：胡来鑫　　收款人：

第二联·发票联（报销凭证）

图 2-50

金浩日用品厂粘贴单

零星小张单据呈鱼鳞状排列粘贴，不可重叠粘在一起，粘贴的单据不可超出本单面积。

单据张数：4 张　金额：￥2460 元　　大写：贰仟肆佰陆拾元整　　经手人周宏

图 2-51

（27）25 日，收到文昌饭店货款 169 800 元。

托收承付凭证样式见图 2-52。

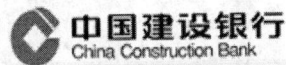

中国建设银行 China Construction Bank

托 收 承 付 凭 证（收款通知）　　托收号码：25566578

委托日期 2013 年 3 月 23 日

付款人	全称	文昌饭店	收款人	全称	金浩日用品厂		
	账号或地址	32568978		账号	450145458795621		
	开户银行	工行滨城支行		开户银行	建行南宁金湖分行	行号	4050

托收银行	人民币：壹拾陆万玖仟捌佰元整（大写）	千	百	十	万	千	百	十	元	角	分
			¥	1	6	9	8	0	0	0	0

附件		商品发运情况	合同名称号码
附寄单证张数或册数			

备注：	款项收妥日期　年　月　日	（收款人开户银行盖章）　月　日
中国建设银行 南宁金湖分行 ★ 2013.03.25 ★ 业务清讫		

此联是收款人开户银行给收款人的收款联

图 2-52

（28）25 日，销售给桂兴物资公司餐车一批，价款总计 127 000 元，增值税 21 590 元。货已发出，款未收。（TL 餐车 100 台，不含税单价 830 元；TM 餐车 80 台，不含税单价 550 元，税率 17%）

商品出库单样式见图 2-53，增值税专用发票样式见图 2-54。

金浩日用品厂商品出库单

2013 年 3 月 25 日　　　　第　号

商品编号	商品名称	单位	规格	发出数量	加权单价	金额	备注
	餐车	台	TL	100			
	餐车	台	TM	80			
合计						¥	

主管　谢中　　复核肖宁明　　制单吕右通　　发货人王小定

图 2-53

广西增值税专用发票

45401274254

№**55563**

开票日期　　　　　年　月　日

购货单位	名　　称：		密码区	78>>89*/-912568-+0153/*568135-/*0412　加密版本：0100121=//*451<4563*/15-185*/01-+15156
	纳税人识别号：			
	地址、电话：			
	开户行及账号：			

货物或应税劳务名称	规格型号	单位	数量	单价	金　额	税　率	税　额
合计							

价税合计（大写）		（小写）

销货单位	名　　称：		备注
	纳税人识别号：		
	地址、电话：		
	开户行及账号：		

收款人：　　　　　复核：　　　　　开票人：　　　　　销货单位：（章）

图 2-54

（29）28 日，向宏发物资公司购入万向滑轮 4000 套，单价 15 元，价格 60 000 元，增值税 10 200 元。

材料入库单样式见图 2-55，增值税专用发票样式见图 2-56。

金浩日用品厂材料入库单

2013 年 3 月 28 日　　　　　　第　号

商品编号	商品名称	单位	规　格	应收数量	实收数量	进　价	
						单　价	金　额
	滑轮	套	万向	4000	4000	15	60 000
合计	（大写）陆万元整						￥60 000

主管 谢中　　　　复核 肖宁明　　　　制单 吕右通　　　　验收人 王小定

图 2-55

广西增值税专用发票

450100741  №258256

2013 年 3 月 28 日

购货单位	名　　　称：	金浩日用品厂				密码区	78>>89*/-912568-+0153/*568135-/*0412 加密版本：0100121=//*451<4563*/15-185*/01-+15156		
	纳税人识别号：	450121168168168							
	地址、电话：	南宁市金湖路 66 号 0771-5526356							
	开户行及账号：	建行南宁金湖分行 450145458795621							
货物或应税劳务名称	规格型号	单位	数量	单价	金额		税率		税额
滑轮		套	4000	15	60 000		17%		10200
合计					￥60000				￥10200.00
价税合计（大写）		柒万零贰仟元整				（小写）￥70200.00			
销货单位	名　　　称：	宏发物资公司				备注	宏发物资公司 4501022565666 发票专用章		
	纳税人识别号：	4501022565666							
	地址、电话：	南宁市金清路 15 号							
	开户行及账号：	工商银行东晴分理处							

收款人：　　　　复核：　　　　开票人：　　　　销货单位：（章）

图 2-56

（30）28 日，开出现金支票支付南宁兴隆建筑安装公司办公楼维修费 2000 元。
收到办公楼维修费发票样式见图 2-57，开出现金支票样式见图 2-58。

广西南宁市服务业发票

发票代码：4526565301

发票号码：4689564

客户名称：金浩日用品厂　　　　2013 年 3 月 28 日

服 务 项 目	单位	数量	单价	满万元无效	金 额					
					千	百	十	元	角	分
办公楼维修费					2	0	0	0	0	0
金额（大写）贰仟元整					2	0	0	0	0	0

开票单位：（未盖章无效）　　　　开票人：刘研　　　　收款人：

图 2-57

中国建设银行 China Construction Bank 现金支票

中国建设银行

现金支票存根

NO

附加信息 ________

____

签发日期 年 月 日

收款人：	
金 额：	
用 途：	

单位主管 会计

本支票付款期十天

出票日期： 年 月 日 付款行名称：

收款人： 出票人账号：

人民币（大写）	千	百	十	万	千	百	十	元	角	分

用途 ________

上列款项请从

我账户内支付

出票人签章

复核 记账

图 2-58

（31）28 日，从柳州汽车厂购入小型货车一辆，价款 35 000 元，增值税 5 950 元，以汇兑方式支付货款 40 950 元。

电汇凭证样式见图 2-59，业务收费凭证样式见图 2-60，增值税专用发票样式见图 2-61，固定资产验收交接单样式见图 2-62。

中国建设银行 China Construction Bank

电 汇 凭 证

币别：人民币 2013 年 3 月 28 日 流水号：2615428

汇款方式		☑ 普通	□ 加急		
汇款人	全称	金浩日用品厂	收款人	全 称	柳州汽车厂
	账号	450145458795621		账 号	56894514455775
	汇出行名称	建行南宁金湖分行		汇入行名称	工行柳州五一办

金额	亿	千	百	十	万	千	百	十	元	角	分
（大写）肆万零玖佰伍拾元整				¥	4	0	9	5	0	0	0

汇划日期： 汇票流水号： 支付密码

汇出行行号： 原凭证种类： 附加信息及用途：

汇款人地址： 原凭证金额：

收款人地址：

中国建设银行南宁金湖分行 ★ 2013.03.28 ★ 业务清讫

客户签章

第二联 客户回单

图 2-59

业 务 收 费 凭 证

币种：人民币　　　　　　　2013 年 3 月 28 日　　　　　　流水号：45060446611300087214

付款人 金浩日用品厂			账号 450145458795621		
项目名称	工本费	手续费	电子汇划费		金 额
	0.00	0.50	10.00		RMB10.50
中国建设银行 南宁金湖分行 ★ 2013.03.28 ★ 业 务 清 讫					
金额（大写）人民币 壹拾零伍角					RMB10.50
付款方式　　转账					
业务类型：电汇					

会计主管　　　　　授权　　　　　复核 吴晓晖　　　　　录入 钟小梅

第二联　客户回单

图 2-60

广西增值税专用发票

450203656　　　　　　　　**№2564571**

2013 年 3 月 28 日

购货单位	名　　称：	金浩日用品厂				密码区	78>>89*/-912568-+0153/*568135-/*0412 加密版本：0100121=//*451<4563*/15-185*/01-+15156		
	纳税人识别号：	450121168168168							
	地址、电话：	南宁市金湖路 66 号 0771-5526356							
	开户行及账号：	建行南宁金湖分行 450145458795621							
货物或应税劳务名称	规格型号	单位	数量	单价	金　　额		税　率	税　额	
小型货车	XH	辆	1	35000	35000		17%	5950	
合计					￥35000.00			￥5950.00	
价税合计（大写）	肆万零玖佰伍拾元正				（小写）￥4 0950				
销货单位	名　　称：	柳州汽车厂				备注			
	纳税人识别号：	45020222365556							
	地址、电话：								
	开户行及账号：	工行柳州五一办 56894514455775							

国税函〔2004〕123 号广西印刷厂

第二联：发票联　购货方记账凭证

收款人：　　　　复核：　　　　开票人：　　　　销货单位：（章）

图 2-61

固定资产验收交接单

保管使用单位：业务部　　　　2013 年 3 月 28 日　　　　NO 01

固定资产名称	型号规格	计量单位	数量	金额	制造工厂
电子计算机	小型货车	辆	1	35000.00	柳州汽车厂
订购日期	3.20	批准支出金额	35000.00	附属设备情况	
到公司日期	3.28	可使用年限	10	固定资产管理部门意见	同意接收，交业务部使用
业务部参加验收意见	同意接收。李正 3.28		使用（保管）验收签证		3.28

主管：黄江　　　　经办人：王东

图 2-62

（32）28 日，收到门面租金收入 5 000 元，收现金。（营业税税率为 5%）

门面租金收入发票样式见图 2-63。

广西南宁市服务业发票

发票联

发票代码：4526565301

发票号码：4689564

客户名称：*华帝金湖经营店*　　　　*2013* 年 *3* 月 *28* 日

服务项目	单位	数量	单价	满万元无效	千	百	十	元	角	分
门面租金收入					*5*	*0*	*0*	*0*	*0*	*0*
现金收讫										
金额（大写）*伍仟元整*					*5*	*0*	*0*	*0*	*0*	*0*

开票单位：（未盖章无效）　　　　开票人：刘一明　　　　收款人：

第二联：发票联（报销凭证）

蜀 A04016 成都瑞熙印务有限公司承印

图 2-63

（33）29 日，支付电费，增值税发票上注明电费 9 645 元，增值税 1 639.65 元。其中生产车间电费 8 195 元，管理部门电费 1 450 元。代付职工生活用电电费 3 526 元。

银行委托收款凭证样式见图 2-64，银行代收电费收据样式见图 2-65，增值税专用发票样式见图 2-66。

中国建设银行
China Construction Bank

委托收款凭证（付款通知）

委托号码：254656

同城

委托日期 2013 年 3 月 29 日

付款人	全称	金浩日用品厂	收款人	全称	南宁市供电局		
	账号或地址	450145458795621		账号	450145458795621		
	开户银行	建行南宁金湖分行		开户银行	建行南宁金湖分行	行号	3500

托收金额	人民币（大写）	壹万肆仟捌佰壹拾陆角伍分	千	百	十	万	千	百	十	元	角	分
						￥	1	4	8	1	0	6	5

中国建设银行
南宁金湖分行
★ 2013.03.29 ★
业 务 清 讫

款项内容 支付 2 月电费

附件		
附寄单证张数或册数	1 张	

备注：户号：2545465	款项收妥日期 2013 年 3 月 29 日	1. 根据结算办法，上列委托收款，如在付款期限内未拒付时，即视同全部同意付款，以此联代付示通知。 2. 如需提前付款或多付款时，应另与书面通知送银行办理。 3. 如系全部或部份拒付，应在付款期内另填拒付款理由书送银行办理。

收款人开户银行盖章

此联是收款人开户银行给付款人的付款联

图 2-64

南宁供电局委托银行代收电费收据

No：0964587

单位全称：金浩日用品厂

地址：南宁市金湖路 66 号　　　　2013 年 3 月 29 日　　　　　　户号：2545465

类别	本月抄见	电量（kW.H）	电费单价	电费（元）	燃机附加	新电还本（元）	电建基金（元）
生产车间			1.00	9588.15			
厂部			1.00	1696.50			
职工宿舍			1.20	3 526			
合计				14810.65			

手续费：　　　元　滞纳金　　　元
总应收金额：14 810.65

备注：银行电子代扣	收款方式	电子委托
说明：1. 用户更改全称、账号请及时通知本局用水。 　　　2. 如因存款不足而托收不到电费者，加收滞纳金，或停止供水。		

收款单位（公章）：　　　　　财务主管（章）：黎永红　　　　　收款人（章）：滕玉玲

图 2-65

广西增值税专用发票

450203656  №244555

2013 年 3 月 28 日

购货单位	名 称：	金浩日用品厂				密码区	78>>89*/-912568-+0153/*568135-/* 0412 加 密 版 本 ： 0100121=//*451<4563*/15-185 */01-+15156		
	纳税人识别号：	450121168168168							
	地址、电话：	南宁市金湖路 66 号 0771-5526356							
	开户行及账号：	建行南宁金湖分行 450145458795621							

货物或应税劳务名称	规格型号	单位	数量	单价	金额	税率	税额
8 月电费					9645	17%	1639.65
合计					￥9645.00		￥1639.65
价税合计（大写）	壹万壹仟贰佰捌拾肆元陆角伍分				（小写）￥11284.65		

销货单位	名 称：	南宁市供电局	备注	
	纳税人识别号：	45020222564875		
	地址、电话：	南宁市五一路 68 号		
	开户行及账号：	工行中行五一办 221656565454638		

收款人：　　　　复核：　　　　开票人：　　　　销货单位：（章）

图 2-66

（34）29 日，支付水费，发票上注明水费 3254 元。其中生产车间水费 2635 元，管理部门水费 619 元。另代职工支付生活用水 2156 元。

银行委托收款凭证样式见图 2-67，银行代收电费收据样式见图 2-68，水费发票样式见图 2-69。

 中国建设银行 China Construction Bank

委托收款凭证（付款通知） 委托号码：2221524

同城　　　　委托日期 2013 年 3 月 29 日

付款人	全称	金浩日用品厂	收款人	全称	南宁麻村供水有限责任公司		
	账号或地址	450145458795621		账号	212543656565325545		
	开户银行	建行南宁金湖分行		开户银行	建行南宁东葛分理处	行号	3612

托收金额	人民币 伍仟肆佰壹拾元正 （大写）	千	百	十	万	千	百	十	元	角	分
					￥	5	4	1	0	0	0

附 件		款项内容	
附寄单证张数或册数	1 张	支付 2 月水费	

备注：
户号：52366

款项收妥日期　年 月 日

中国建设银行
南宁金湖分行
★ 2013.03.29 ★
业务清讫

1. 根据结算办法，上列委托收款，如在付款期限内未拒付时，即视同全部同意付款，以此联代付示通知。

2. 如需提前付款或多付款时，应另与书面通知送银行办理。

3. 如系全部或部分拒付，应在付款期内另填拒付款理由书送银行办理。

收款人开户银行盖章

此联是收款人开户银行给付款人的付款联

图 2-67

南宁麻村供水有限公司委托银行代收电费收据　　№：1025665

单位全称：金浩日用品厂

地址：南宁市金湖路 66 号　　　2013 年 3 月 29 日　　　　　　　　户号：52366

类别	本月抄见	用水量（吨）	水费单价	水费（元）	燃机附加	新水还本（元）	水建基金（元）
生产车间			1.00	2 635.00			
厂部			1.00	619.00			
职工生活用水			1.00	2 156.00			
合计				5 410.00			

手续费：　　元　滞纳金　　元

总应收金额：5410.00

备注：银行电子代扣　　　　　　　收款方式　　电子委托

说明：1. 用户更改全称、账号请及时通知本局用水管理所。

　　　2. 如因存款不足而托收不到电费者，加收滞纳金，或停止供水。

收款单位（公章）：　　　财务主管（章）：黄小松　　　收款人（章）：杨具荣

图 2-68

南宁市麻村供水有限公司水费发票　　№1283521

日期 2013 年 3 月 29 日

户名	金浩日用品厂			
户号	236892	结算方式	托收	
地址	南宁市青秀区金湖路 66 号			
计费项目		数量	单价	金额
8 月份用水（其中职工生活用水 2156 元）		5410	1	5410.00
业务	托收水费	金额合计	¥5410	
大写	人民币伍仟肆佰壹拾元正			

收款单位：　　　　　　　　　　　　收款员：牛磊

注：本发票无收款员章及发票专用章无效

第二联：发票（报销凭证）　手写无效

图 2-69

（35）30 日，计提长期借款利息 2 300 元。（长期借款为 2013 年 1 月 30 日借入 3 年期生产周转借款 460 000 元，到期一次还本付息，年利率为 6%）

利息费用计提表样式见图 2-70。

利息费用计提表

年　月　日

项　　目	本　　金	月 利 率	利　息	备　　注
长期借款	460000	6%		2013/1/30 借入，到期还本付息，生产周转用

会计主管：　　　　　　复核：　　　　　　　　制表：

图 2-70

（36）30 日，报废设备一台，该设备原值 30 000 元，已提折旧 28 000 元，以现金支付工人清理费用 300 元，取得残值收入现金 800 元。

设备报废申批单样式见图 2-71，设备报费收入发票样式见图 2-72，现金支出凭单样式见图 2-73。

金浩日用品厂设备报废申批单

2013 年 3 月 27 日

固定资产编号及名称	型号规格技术特征	单位	数量	原值	预计残值	预计使用年限	年折旧率	年折旧额	已提折旧	净值	备注
数控测试机	NX65 型	台	1	3000	50	9			28000	200	车间用，不能继续使用，拟报废

单位主管：同意报废　　　2013/3/28　　　　　主管组室：经检验同意报废。　2013/3/27
使用单位：拟同意报废　　王荣　2013/3/27　　　　　制单：陈方

图 2-71

南宁市华物废旧店统一发票

发票代码：00125681

发　票　联

发票号码：325654

客户名称：南宁月胧废旧回收公司　　　　　　　　　2013　年 3 月 30 日

服务项目	单位	数量	单价		金　额					
					千	百	十	元	角	分
数控测试机报废收入	现金收讫			满万元无效		8	0	0	0	0
金额（大写）捌佰元整					¥	8	0	0	0	0

开票单位：（未盖章无效）　　　开票人：刘一明　　　收款人：

第二联：发票联（报销凭证）

图 2-72

现 金 支 出 凭 单

2013 年 3 月 30 日

支付　处置数控测试机清理费用

支付金额（大写）叁佰元整　　　　　　　　　　¥300.00

收款人签章　周云来　　　　　　　　　2013 年 3 月 30 日　　　　　现金付讫

审批人：　　　　　主管会计　　　　　出纳：覃林生

图 2-73

业务处理程序如下。

① 会计填制固定资产报废清单，交单位领导和主管会计审核签字后，进行固定资产清进清理。

② 出纳支付清理费用，收取残值收入，开出残值收入普通通票，

③ 会计根据以上票据填制记账凭证，登记相关明细账，出纳登记现金日记账。

（37）30 日，收张昭违反厂规罚款 200 元现金。

开出罚款收据样式见图 2-74。

收 据
NO.02686

今 收 到　职工张昭变违反厂规罚款金

现金收讫

金额（大写）零万零仟贰佰零拾零元零角零分

收款单位（盖章）　　　　　　　¥200.00

内部使用，不作发票

第三联　记账

会计　　记账　　出纳　覃林生　　经手人

图 2-74

（38）30 日，用电汇方式支付湘南钢铁公司货款 100 000 元。

银行电汇凭证样式见图 2-75，银行业务收费凭证样式见图 2-76。

中国建设银行 China Construction Bank

电 汇 凭 证

币别：人民币　　　　　　　　2013 年 3 月 30 日　　　　　　流水号：2615428

汇款方式	☑ 普通		□ 加急	
汇款人	全　称	金浩日用品厂	收款人	全　称	湖南钢铁公司
	账　号	450145458795621		账　号	248435689155458
	汇出行名称	建行南宁金湖分行		汇入行名称	工行长沙东明办

金额：（大写）壹拾万元正

	亿	千	百	十	万	千	百	十	元	角	分
				¥	1	0	0	0	0	0	0	0	0

汇划日期：　　汇票流水号：　　支付密码

汇出行行号：　　原凭证种类：　　附加信息及用途：

汇款人地址：　　原凭证金额：

收款人地址：

中国建设银行
南宁金湖分行
★ 2013.03.30 ★
业 务 清 讫

客户签章

图 2-75

中国建设银行 China Construction Bank

业 务 收 费 凭 证

币种：人民币　　　　　　　2013 年 3 月 30 日　　　　流水号：450603568987788

付款人 金浩日用品厂　　　　　　　账号 450145458795621

项目名称	工 本 费	手 续 费	电子汇划费		金　额
	0.00	0.50	10.00		RMB10.50
金额（大写）人民币壹拾零伍角					RMB10.50
付款方式	转账				
业务类型：电汇					

中国建设银行
南宁金湖分行
★ 2013.03.30 ★
业 务 清 讫

第二联 客户回单

会计主管　　　　授权　　　　复核 吴晓晖　　　　录入 钟小梅

图 2-76

（39）30 日，计提固定资产折旧。

固定资产折旧计算表见表 2-2。

表 2-2

固定资产折旧计算表

2013 年 3 月 30 日

使用部门	固定资产项目	上月折旧额	上月增加固定资产		上月减少固定资产		本月折旧额
			原值	折旧额	原值	折旧额	
车间	房屋、建筑物	7453.6					7453.6
	机器、设备	5236	50000	416.67			5652.67
	合计	12689.6		416.67			13106.27
管理部门	房屋、建筑物	2500					2500
	机器、设备	2200			15000	125	2075
	合计	4700				125	4575
出租	机器	1100					1100

（40）根据工资汇总表，分配本月工资费用。（计入成本的工资按工时比例在三种产品中分配）

工资汇总表见表 2-3，工资费用分配表见表 2-4。

表 2-3

工资汇总表

2013 年 3 月 30 日

部 门		应付工资			应付工资	代扣款项			实发工资
		标准工资	津贴	奖金		水电费	医疗保险	个人所得税	
车间	生产工人（33人）	54870	12292	4950	72112	3470	2145	356	66141
	管理人员（4人）	9018	2021	840	11879	381	295	256	10947
厂部管理人员（8人）		21435	6354	1600	29389	1685	576	543	26585
总计		85323	20667	7390	113380	5536	3016	1155	103673

业务处理程序：由会计汇总各部门工资费用，填制记账凭证、登记相关明细账。

按工时分配工资费用如下表所示。

表 2-4

工资费用分配表

2013 年 3 月 30 日

产 品 名 称	工 时	分 配 率	分 配 金 额
TS 餐车	1 200		
TM 餐车	1 875		
TL 餐车	2 200		
	5 275		

（41）30 日，根据发料凭证汇总表，分配原材料费用。

发料凭证汇总表见表 2-5。

表 2-5

发料凭证汇总表

2013 年 3 月 30 日

原材料 用途	钢材 （44.28 吨）	其 他 材 料	合 计
TS 餐车	34 350	12 500	46 850
TM 餐车	56 228	16 500	72 728
TL 餐车	76 924	12 800	89 724
车间一般耗用		4 950	
合计	167 502	46 750	214 252

（42）30 日，分配制造费用。

制造费用分配表见表 2-6。

表 2-6

制造费用分配表

2013 年 3 月 30 日

产 品 名 称	工 时	分 配 率	分 配 金 额
TS 餐车	1 200		
TM 餐车	1 875		
TL 餐车	2 200		
	5 275		

（43）31 日，计算并结转本月完工产品制造成本。（期初未完工 TL 餐车 25 台。本月投入 TS 餐车 200 台，本月投入 TM 餐车 250 台，本月投入 TL 餐车 200 台，本月生产产品全部完工）

产品生产成本计算表见表 2-7。

表 2-7

产品生产成本计算表

2013 年 3 月 31 日

产品名称	投产量 （台）	月初余额 （不分项目）	本月发生额				总成本	单位成本
			原材料	工资	制造费用	小计		
TS 餐车	200							
TM 餐车	250							
TL 餐车	200							

（44）31 日，计算并结转本月已销产品制造成本，用加权平法计算已销产品成本。

产品销售成本计算表见表2-8。

表 2-8

产品销售成本计算表

2013 年 3 月 31 日

产 品 名 称	计 量 单 位	销 售 数 量	平均单位成本	总 成 本
TS 餐车	台			
TM 餐车	台			
TL 餐车	台			
合 计				

（45）31 日，计算本月应交营业税金及教育费附加。（城建税及教育费附加以应交增值税加应交营业税为计税基础，城建税税率为 7%，教育费附加比例为 3%）

销售税金及附加计提表见表2-9。

表 2-9

销售税金及附加计提表

2013 年 3 月

纳 税 项 目	计 提 基 数	税（费）率	应纳税（费）额
城市维护建设税			
教育费附加			
合 计			

（46）31 日，结转本期损益类账户。

（47）31 日，计算本期应交所得税（不考虑纳税调整项目），并结转至"本年利润"账户。

应纳所得税计算简表见表2-10。

表 2-10

应纳所得税计算简表

2013 年 3 月

本月利润总额	纳税调整额	应纳税所得额	所 得 税 率	本期应纳所得税

会计主管： 审核： 制表：

三、实训要求

（1）根据各项经济业务的原始凭证，分别填制记账凭证并连续编号。

（2）填制记账凭证一律采用通用记账凭证。

（3）将原始凭证剪下附在相应的记账凭证后面。

四、实训用品参考格式

记账凭证样式见图 2-77。干实训需要记账凭证 50 张。

记　账　凭　证

编号___号

年　月　日

附单据___张

摘　　要	总账科目	明细科目	借 方 金 额									√	贷 方 金 额									√
			百	十	万	千	百	十	元	角	分		百	十	万	千	百	十	元	角	分	
合计																						

会计主管　　　　　　记账　　　　　　复核　　　　　　制单

图 2-77

五、实训时间

本实训大约需要 24 学时。

实训二　会计凭证的审核

一、实训目的

通过实训，初步掌握原始凭证和记账凭证的审核方法。

二、实训资料

对实训一提供的原始凭证和记账凭证进行审核。

三、实训要求

按第一章中原始凭证和记账凭证审核的要求进行审核，指出存在的问题，并予以更正。

四、实训时间

本实训大约需要 2 学时。

第三章

实训三　建账训练

一、实训目的

通过本项实训，掌握日记账、总账、明细账等会计账簿的设置方法。

二、实训资料

金浩日用品厂 2013 年 3 月账户期初余额如表 3-1 所示。

表 3-1

总账科目	明细科目	借方余额	账页格式	备注
库存现金		1 360.00	三栏式日记账/总账	
银行存款		299 645.46	三栏式日记账/总账	
应收账款		577 271.00	三栏式总账	
	广西长虹大酒店	20 970.00	三栏式明细账	
	文昌饭店	169 800.00	三栏式明细账	
	万达饭店	129 675.00	三栏式明细账	
	通达家具城	256 826.00	三栏式明细账	
其他应收款		5 536.00	三栏式总账	
	职工水电费	5 536.00	三栏式明细账	
原材料		165 687.00	三栏式总账	
	钢材	135 542.00	数量金额式明细账	35 吨
	其他材料	30 145.00	数量金额式明细账	（略）
库存商品		360 325.00	三栏式总账	
	TS 餐车（300 台）	108 000.00	数量金额式明细账	
	TM 餐车（185 台）	82 325.00	数量金额式明细账	
	TL 餐车（150 台）	170 000.00	数量金额式明细账	
生产成本		15 836.00	三栏式总账	
	TL 餐车（25 台）	15 836.00	多栏式明细账	其中：原材料 10 294.00 元，工资 3959 元，制造费用 1583 元
固定资产		4 530 167.00	三栏式总账	
	车间用固定资产	3 509 271.00	三栏式明细账	
	厂部用固定资产	864 896.00	三栏式明细账	1 960.00
	出租固定资产	156 000.00	三栏式明细账	
合计		5 955 827.46		

总账科目	明细科目	贷方余额	账页格式	备注
短期借款		280 000.00	三栏式总账	
	流动资金贷款（建行）	280 000.00	三栏式明细账	贷款年利率为5.3%，每季度付息一次，到期日2013年12月5日
应付票据		156 000.00	三栏式总账	
	桂中钢铁公司	156 000.00	三栏式明细账	
应付账款		772 125.00	三栏式总账	
	湘南钢铁公司	229 643.00	三栏式明细账	
	桂邕物资公司	146 832.00	三栏式明细账	
	邕桂五金公司	395 650.00	三栏式明细账	
应交税费		29 025.00	三栏式总账	
	未交增值税	26 386.00	三栏式明细账	
	城建税	1 847.00	三栏式明细账	
	教育费附加	792.00	三栏式明细账	
应付利息		2 400.00	三栏式总账	
长期借款		460 000.00	三栏式总账	
	专项贷款（建行）	460 000.00	三栏式明细账	
实收资本		2 960 036.00	三栏式总账	
盈余公积		24 600.00	三栏式总账	
本年利润		402 884.92	三栏式总账	
累计折旧		868 756.54	三栏式总账	
合计		5 955 827.46		

三、实训提示

设置账簿的基本要求如下。

（1）为了保证核算内容口径一致，必须按规范的会计科目设置账户。

（2）设置账簿时要通盘考虑，注意账簿之间的勾稽关系。

（3）登记正式账页，在摘要栏写明"期初余额"字样，依据各账户期初余额建立账簿。

四、实训要求

根据表3-1所示期初余额表的资料建立总分类账户、明细分类账户和日记账户。

五、实训用品

现金日记账2页，银行存款日记账2页，总分类账30页，三栏式明细账32页，库存商品

明细账 2 页，多栏式明细账 10 页，数量金额式明细账 8 页，固定资产明细账 3 页，应交增值税明细账 1 页。

六、实训时间

本实训大约需要 2 学时。

实训四 登记账簿

一、实训目的

通过实训掌握日记账和明细分类账的登记方法。

二、实训资料

根据实训一、实训二、实训三所示资料开设各类账户登记账簿。

三、实训提示

（1）必须根据审核无误的记账凭证登记账簿。

（2）必须按记账凭证的号码顺序逐日登记。

（3）注意涉及现金和银行存款相互划转业务的登记，即涉及从银行提取现金业务，要根据银行存款付款凭证登记现金日记账中现金的收入数；涉及将现金存入银行的业务，要根据现金付款凭证登记银行存款日记账中银行存款的收入数。

（4）注意各种账簿之间的勾稽关系。

四、实训要求

（1）根据有关记账凭证，逐日逐笔登记现金日记账和银行存款日记账。

（2）根据各种原始凭证、记账凭证逐笔登记各种明细分类账。

五、实训用品

实训所需会计账簿的格式和数量与实训三相同，继续使用原建账实训用品，无须增加新账页。

六、实训时间

本实训大约需要 4 学时。

实训五 编制科目汇总表

一、实训目的

通过实训，掌握科目汇总表的编制方法和科目汇总表账务处理程序。

二、实训资料

根据实训一所示的记账凭证编制科目汇总表。

三、实训提示

科目汇总表核算形式的程序如下。

（1）根据原始凭证或汇总原始凭证填列各种记账凭证。

（2）根据收款凭证和付款凭证按日逐项登记现金日记账和银行存款日记账。

（3）根据各种原始凭证或汇总原始凭证、记账凭证登记各种明细分类账。

（4）根据各种记账凭证，定期编制科目汇总表。

（5）根据科目汇总表登记总分类账。

（6）月终，将现金日记账、银行存款日记账、明细账的余额同有关总体账户余额核对相符。

（7）根据总账和明细账编制会计报表。

科目汇总表账务程序参见图 2-1。

四、实训要求

（1）根据实训一提供的记账凭证，按总账科目编制科目汇总表。

（2）根据科目汇总表登记总分类账（为简化程序本实训全月只编一次科目汇总表）。

五、实训用品及参考格式

（1）实训用品：本实训需要科目汇总表 2 页。

（2）参考格式：见表 3-2。

六、实训时间

本实训大约需要 4 学时。

表 3-2

科目汇总表

年 月 日至 日　　　　　　　　　　　　　　第 号

会 计 科 目	账 页	本期发生额		记账凭证起讫号数
		借 方	贷 方	

复核：　　　　　　记账：　　　　　　制表：

实训六　　登记总分类账

一、实训目的

通过练习总分类账的登记，掌握科目汇总表账务处理程序总分类账的登记方法。

二 、实训材料

根据实训三、实训五的资料及科目汇总表，登记总分类账。

三、实训提示

按照实训三资料建立的总分类账户，登记总分类账，无须另外设置账户。

四、实训要求

根据实训五所编的制科目汇总表，登记总分类账。

五、实训时间

本实训约需 2 学时。

实训七　　对账与结账

一、实训目的

通过实训，掌握对账与结账的方法。

二、 实训资料

根据实训一、实训二、实训三、实训四、实训六的资料进行对账与结账。

三、 实训提示

1. 对账的内容

对账就是在结账前，将账簿记录和会计凭证核对，各种账簿之间的数字核对，账簿记录和实物及货币的实存数核对。纠正记账错误，以保证账簿记录无误，为编制会计报表提供真实可靠的会计核算资料。每个企业、事业行政单位，都要建立定期的对账制度。

对账的主要内容，一般包括以下几个方面。

（1）账证核对。账证核对就是将各种账簿记录与记账凭证及所附的原始凭证进行核对。这种核对是在编制记账凭证和记账的日常工作中进行，使错账及时被发现并更正。账证相符是保证账账、账实相符的基础。

（2）账账核对。账账核对就是将各种账簿之间的有关数字进行核对。这种核对至少在每月末进行一次。其核对内容包括：①现金日记账、银行存款日记账的本期发生额与现金、银行存款总分类账的相应数字核对相符；②总分类账的全部账户的本期借方发生额合计数与贷方发生额合计数，期末借方余额合计数与贷方余额合计数，应分别对应相等，这种核对可通过编制总分类账试算平衡表进行；③总分类账的全部账户的本期发生额合计数和期末余额与所属明细分类账户相应数字核对符合，这种核对可通过编制明细分类账户试算平衡表进行；④会计部门有关财产物资的明细分类账的期末余额应与财产物资保管或使用部门的明细分类账的期末结存数核对相符。

（3）账实核对。账实核对就是将账簿记录与各项财产物资和货币资金的实存数核对相符。账实是否相符一般要通过年终的财产清查来进行核对，平时也可以通过清查盘点来进行核对。清查核对的内容包括：①现金日记账的余额应与实际库存现金核对相符；②银行存款日记账的收、付记录及余额应与银行的对账单记录及余额核对相符，如有未达账项，应编制"银行存款余额调节表"进行调整；③各种应收、应付款明细账的余额，应与有关债权、债务单位或个人核对相符；④各种税金、预算交款账户的余额，应与监交机关核对相符；⑤财产物资明细分类账的结存数，应与清查盘点的实存数核对相符。

2. 结账的方法

结账就是当期（本月、本季、本年）的记账凭证登记完毕后，按照制度规定和管理的需要，结计出各个账户的本期发生额（月度发生额、季度发生额、年度发生额）和期末余额。

由于账簿的种类和账页的格式不同，结账的具体方法也有所不同，为了便于理解和掌握，我们将其大致归纳为以下几种。

（1）日结。现金、银行存款日记账，需要逐日结出余额。结账时，在本日最后一笔经济业务下面结计出本日发生额合计及余额，摘要栏注明"本日合计"即可。

（2）月结。结账时，在本月最后一笔经济业务下面通栏画单红线，结出本月发生额合计和月末余额；在摘要栏注明"本月合计"字样，在借和贷栏内写明"借"和"贷"字样，在下面通栏画单红线。如果本月只发生一笔经济业务，由于这笔经济业务记录的金额就是本月发生额，结账时，只要在此记录下通栏画一单红线，表示与下月的发生额分开即可，不需另行结出"本月合计"数。如无余额，应在借或贷栏内写上"平"字样，余额栏内写上"0"字样，其余同上所述。

对于期末没有余额的"损益类"等账户，在加计借、贷方发生额、显示双方金额相等后，在"摘要'"栏注明"本月发生额合计"字样，在其下通栏画单红线，以表示该账户月底已结平，下月在红线下连续登记。

对于不需要按月结计本期发生额的账户，如各项应收应付款明细账和各项财产物资明细账等，每次记账以后都要随时结出余额，每月最后一笔经济业务的余额即为月末余额。月末结账时，只需要在最后一笔经济业务记录之下通栏画单红线即可。

需要结计本年累计发生额的账户，每月结账时，应在"本月合计"行下结出自年初起至本月末的累计发生额登记在月份发生额合计下面，在摘要栏内注明"本年累计"字样，并在下面通栏画单红线。

（3）季结。季末将计算出的本季度三个月的发生额合计数，写在月结数的下一行内，在摘要栏注明"本季合计"字样，并在下面通栏画单红线。

（4）年结。月末已结计本年累计发生额的账户，十二月末的"本年累计"就是全年累计发生额，在下面通栏画双红线表示封账。平时只需结计本月合计的账户。年终结账时，要在十二月末"本月合计"行下写出全年发生额合计及年末余额，在摘要栏内注明"本年合计"字样，并在合计数下通栏画双红线表示封账。年结后，有余额的账户，要将其余额结转下年，并在摘要栏注明"结转下年"字样，在下一会计年度新建有关会计账簿的第一行余额栏内填写上年结转的余额，并在摘要栏注明"上年结转"字样。结转的方法是将余额直接计入新账余额栏里，不需要编制记账凭证，也不必将余额再计入本年账户的相反方向，把本年有余额的账户余额变为零。

四、实训要求

（1）月末结出各类账户本期发生额及期末余额，将总分类账簿、明细分类账簿、日记账簿中的相关内容进行核对。

（2）按规定的结账方法进行结账。

五、实训时间

本实训大约需要 4 学时。

实训八　更　正　错　账

一、实训目的

学生通过实训掌握各种错账的更正方法。

二、实训资料

经济业务：2013 年 1 月 8 日，南宁市大华有限公司以转账支票支付南宁中兴广告有限公司广告费 3000 元。

银行转账支票存根样式见图 3-1，广告费发票样式见图 3-2。

假设会计人员编制记账凭证及登记有关账簿有以下几种情况，分别指出每种情况存在的问题，并采用恰当的更正方法更正。

中国工商银行转账支票存根

支票号码：**00153958**

科目 银行存款

对方科目 销售费用

出票日期 *2013.1.8*

收款人：	*南宁市大华有限公司*
金额：	*￥3000.00*
用途：	*支付广告费*
备注：	

单位主管 张飞　　会计 赵明

复核 王丹　　记账 梁伟

图 3-1

广西南宁市服务业发票

发票代码：4526565301

发票号码：4689564

2013 年 1 月 8 日

客户名称：南宁市大华有限公司

服 务 项 目	单位	数量	单价	满万元无效	金　额					
					千	百	十	元	角	分
广告费					3	0	0	0	0	0
金额（大写）叁仟元整					3	0	0	0	0	0

开票单位：（未盖章无效）　　　开票人：刘研　　　收款人：

第二联：发票联（报销凭证）

图 3-2

（一）第一种情况

记账凭证见图 3-3，总分类账见图 3-4、图 3-5，银行存款日记账见图 3-6。管理费用明细账见图 3-7。

（二）第二种情况

记账凭证见图 3-8，总分类账见图 3-9、图 3-10，银行存款日记账见图 3-11，销售费用明细账见图 3-12。

（三）第三种情况

记账凭证见图 3-13，总分类账见图 3-14、图 3-15，银行存款日记账见图 3-16，销售费用明细见图 3-17。

（四）第四种情况

记账凭证见图 3-18，总分类账见图 3-19、图 3-20，银行存款日记账见图 3-21，销售费用明细账见图 3-22。

记 账 凭 证

2013 年 1 月 8 日

编号 8 号
附单据 2 张

摘 要	总账科目	明细科目	借 方 金 额										贷 方 金 额										√
			百	十	万	千	百	十	元	角	分		百	十	万	千	百	十	元	角	分	
支付广告费	销售费用	广告费				3	0	0	0	0	0											
	银行存款															3	0	0	0	0	0	
合计					¥	3	0	0	0	0	0				¥	3	0	0	0	0	0	

会计主管 张飞　　记账 赵明　　复核 王丹　　制单 赵明

图 3-3

总 分 类 账

会计科目名称及编号：银行存款

2013年		记账凭证		摘 要	借 方											√	贷 方											√	借或贷	余 额											√
月	日	字	号		十	亿	千	百	十	万	千	百	十	元	角	分		十	亿	千	百	十	万	千	百	十	元	角	分			十	亿	千	百	十	万	千	百	十	元	角	分	
1	1			期初余额																											借				1	2	4	3	0	0	0	0	·
1	8	1	8	支付广告费																				3	0	0	0	0	0		贷					2	1	0	0	0	0	

图 3-4

总 分 类 账

会计科目名称及编号：销售费用

2013年 月	日	记账凭证 字	号	摘要	借方 十	亿	千	百	十	万	千	百	十	元	角	分	√	贷方 十	亿	千	百	十	万	千	百	十	元	角	分	√	借或贷	√	余额 十	亿	千	百	十	万	千	百	十	元	角	分	√
1			8	支付广告费							3	3	0	0	0	0															借									3	3	0	0	0	0	

图 3-5

银行存款日记账

2013年 月	日	记账凭证 字	号	支票 种类	号码	对方科目	摘要	借方 十	亿	千	百	十	万	千	百	十	元	角	分	√	贷方 十	亿	千	百	十	万	千	百	十	元	角	分	√	余额 十	亿	千	百	十	万	千	百	十	元	角	分	√
1	1						期初余额																													1	2	4	3	0	0	0	0	
1	8						支付广告费																				3	0	0	0	0					2	1	3	0	0	0	0	

图 3-6

管理费用明细账

2013年		记账凭证		摘要	工资								展览费								广告费								包装费							
月	日	字	号		百	十	万	千	百	十	元	角	百	十	万	千	百	十	元	角	分	十	万	千	百	十	元	角	分	十	万	千	百	十	元	角	分
1	8			支付广告费																				3	0	0	0	0	0							

图 3-7

记 账 凭 证

2013 年 1 月 8 日　　　　　编号 8 号　　附单据 2 张

摘 要	总 账 科 目	明 细 科 目	借　方　金　额									贷　方　金　额									√
			百	十	万	千	百	十	元	角	分	百	十	万	千	百	十	元	角	分	
支付广告费	销售费用	广告费			3	0	0	0	0	0	0										√
	银行存款													3	0	0	0	0	0	0	√
合计					¥	3	0	0	0	0	0			¥	3	0	0	0	0	0	

会计主管 张飞　　　记账 赵明　　　复核 王丹　　　制单 赵明

图 3-8

总 分 类 账

会计科目名称及编号：银行存款

2013年		记账凭证		摘要	借方											√	贷方											√	借或贷	余额											√
月	日	字	号		十	亿	千	百	十	万	千	百	十	元	角	分		十	亿	千	百	十	万	千	百	十	元	角	分			十	亿	千	百	十	万	千	百	十	元	角	分	
1	1			期初余额																											借				1	2	4	3	0	0	0	0	0	
1	8		8	支付广告费																			3	0	0	0	0	0	0		贷					9	4	3	0	0	0	0	0	

图 3-9

总 分 类 账

会计科目名称及编号：销售费用

2013年		记账凭证		摘要	借方											√	贷方											√	借或贷	余额											√
月	日	字	号		十	亿	千	百	十	万	千	百	十	元	角	分		十	亿	千	百	十	万	千	百	十	元	角	分			十	亿	千	百	十	万	千	百	十	元	角	分	
1	8		8	支付广告费						3	0	0	0	0	0	0														借						3	0	0	0	0	0	0	

图 3-10

银行存款日记账

2013年		记账凭证		支票		对方科目	摘要	借方											√	贷方											√	余额											√
月	日	字	号	种类	号码			十亿	千	百	十	万	千	百	十	元	角	分		十亿	千	百	十	万	千	百	十	元	角	分		十亿	千	百	十	万	千	百	十	元	角	分	
1	1						期初余额																												1	2	4	3	0	0	0	0	
1	8						支付广告费																	3	0	0	0	0	0	0						9	4	3	0	0	0	0	

图 3-11

销售费用明细账

2013年		记账凭证		摘要	工资									展览费									广告费									包装费								
月	日	字	号		百	十	万	千	百	十	元	角	分	百	十	万	千	百	十	元	角	分	百	十	万	千	百	十	元	角	分	百	十	万	千	百	十	元	角	分
1	8			支付广告费																					3	0	0	0	0	0	0									

图 3-12

记 账 凭 证

2013 年1 月 8 日

编号 8 号
附单据 2 张

摘要	总账科目	明细科目	借方金额 百	千	万	千	百	十	元	角	分	√	贷方金额 百	千	万	千	百	十	元	角	分	√
支付广告费	销售费用	广告费				3	0	0	0	0													
	银行存款													3	0	0	0	0				
合计						¥	3	0	0	0	0				¥	3	0	0	0	0		

会计主管 张飞 记账 赵明 复核 王丹 制单 赵明

图 3-13

总 分 类 账

会计科目名称及编号：银行存款

2013年 月	日	记账凭证 字	号	摘要	借方 十	亿	千	百	十	万	千	百	十	元	角	分	√	贷方 十	亿	千	百	十	万	千	百	十	元	角	分	√	借或贷	余额 十	亿	千	百	十	万	千	百	十	元	角	分
1	1			期初余额																											借				1	2	4	3	0	0	0	0	0
1	8			支付广告费							3	0	0	0	0															贷				1	2	4	0	0	0	0	0	0

图 3-14

总 分 类 账

会计科目名称及编号：销售费用

2013年 月	日	记账凭证 字	号	摘要	借方 十亿千百十万千百十元角分	√	贷方 十亿千百十万千百十元角分	借或贷	余额 十亿千百十万千百十元角分	√
1	8			支付广告费	3 0 0 0 0			借	3 0 0 0 0 0	

图 3-15

银行存款日记账

2013年 月	日	记账凭证 字	号	支票 种类	号码	对方科目	摘要	借方 十亿千百十万千百十元角分	√	贷方 十亿千百十万千百十元角分	√	借或贷	余额 十亿千百十万千百十元角分	√
1	1						期初余额						1 2 4 3 0 0 0 0	
1	8						支付广告费			3 0 0 0 0 0			2 4 0 0 0 0	

图 3-16

营业费用明细账

2013年 月	日	记账凭证 字	号	摘要	工资 百十万千百十元角分	展览费 十亿千百十万千百十元角分	广告费 十亿千百十万千百十元角分	包装费 十亿千百十万千百十元角分
1	8			支付广告费			3 0 0 0	

图 3-17

记账凭证

2013 年1 月 8 日

编号 8 号
附单据 2 张

摘要	总账科目	明细科目	借方金额 百十万千百十元角分	贷方金额 百十万千百十元角分	√
支付广告费	销售费用	广告费	3 0 0 0 0 0		
	银行存款			3 0 0 0 0 0	
合计			¥ 3 0 0 0 0 0	¥ 3 0 0 0 0 0	

记账 赵明　复核 王丹　制单 赵明
会计主管 张飞

图 3-18

总分类账

会计科目名称及编号：银行存款

2013年 月 日	记账凭证 字 号	摘要	借方 十亿千百十万千百十元角分	贷方 十亿千百十万千百十元角分	借或贷	余额 十亿千百十万千百十元角分	√
1 1		期初余额			借	1 2 4 3 0 0 0	
1 8	记 8	支付广告费		3 0 0 0 0 0	借	1 2 1 3 0 0 0	

图 3-19

总 分 类 账

会计科目名称及编号：管理费用

2013年		记账凭证		摘要	借方	贷方	借或贷	余额	√
月	日	字	号		十亿千百十万千百十元角分	十亿千百十万千百十元角分		十亿千百十万千百十元角分	
1	8			支付广告费	3 0 0 0 0 0		借	3 0 0 0 0 0	

图 3-20

银行存款日记账

201 3年		记账凭证		支票		对方科目	摘要	借方	贷方	借或贷	余额	√
月	日	字	号	种类	号码			十亿千百十万千百十元角分	十亿千百十万千百十元角分		十亿千百十万千百十元角分	
1	1						期初余额				1 2 4 3 0 0 0 0	
1	8						支付广告费		3 0 0 0 0 0		1 2 1 3 0 0 0 0	

图 3-21

销售费用明细账

2013年		记账凭证		摘要	招待费	办公费	差旅费	通信费	√
月	日	字	号		百十万千百十元角分	百十万千百十元角分	百十万千百十元角分	百十万千百十元角分	
1	8			支付广告费		3 0 0 0 0 0	3 0 0 0	0	

图 3-22

三、实训提示

全面掌握画线更正法、红字冲销法、补充登记法的内容及适用范围，熟练进行错账查找并更正。

（1）画线更正法。画线更正法是用红线把错误记录画掉，表示注销，然后把正确的内容写在错账的正上方，并加盖责任人印章的一种方法。

画线更正法适用于期末结账前发现账簿记录中文字或数字有错误而记账凭证无误。更正方法是：先在错误的文字和数字上画一条单红线注销，并使原来的字迹仍可辨认；然后在画线上方空白处用蓝字或黑字填写上正确的文字或数字，并由记账人员在更正处签章。但应注意，更正错误数字时，应将整笔数字画掉，不能只画掉其中一个或几个写错的数字。

（2）红字更正法（即红字冲销法）。红字更正法是指用红字金额冲销原有错误科目和金额的记账凭证，并据以更正账簿记录的一种方法，又称为红字冲销法、红字订正法、红字冲账法等。

红字更正法适用于期末结账前发现由于记账凭证上的会计科目错误或金额多记而造成的账簿记录错误。更正方法是：先用红字金额填制内容与原来错误的记账凭证相同的记账凭证，在"摘要"栏注明"冲销×月×日×号凭证"字样，并据以用红字金额过账，以冲销原错误记录；然后再用蓝字或黑字金额填制一张正确的记账凭证，在摘要注明"订正×月×日×号凭证"字样。

（3）补充登记法。补充登记法是按应计金额和错记金额之差用蓝字填写一张与原记账凭证内容相同的记账凭证，并据以更正账簿记录的一种方法。

补充登记法适用于期末结账前发现记账凭证中会计科目无误，但实计金额小于应计额，并据以过账。更正的方法是：将少计金额用蓝字或黑字填制一张与原错误记账凭证内容完全相同的记账凭证，在"摘要"栏内注明"补记第×号凭证少计数"，并据以过账。

四、实训要求

（1）审核记账凭证，并进行账证核对，检查账簿记录是否正确。

（2）对经济业务的原始凭证与记账凭证、记账凭证与账簿记录进行核对，找出存在的问题，采用适当的方法进行更正。

五、实训用品及主要参考格式

（1）实训用品：本试验需要记账凭证6张，总分类账9页，银行存款日记账4页，多栏式明细账4页。

（2）参考格式：本试验训练用品参考格式与实训九相同。

六、实训时间

本实训大约需要2学时。

第四章

实训九　存货的清查

一、实训目的

通过训练掌握存货清查方法及对盘点结果的账务处理。

二、实训资料

南宁市大华有限公司 2013 年 3 月末对部分库存商品进行清查,其库存商品明细账见图 4-1、图 4-2。

三、实训要求

（1）通过将盘存单（见表 4-1）与库存商品明细账进行对比,填制实存账存对比表（见表 4-2）。

（2）根据实存账存对比表,并编制记账凭证。

四、实训时间

本实训大约需要 1 学时。

表 4-1　　　　　　　　　　　　　　盘存单

单位名称：　　　　　　　　盘点时间：2013.26　　　　　　　编号：1

财产类别：食品　　　　　　存放地点：食品仓库

序　号	名　称	规格型号	计量单位	实存数量	单　价	金　额	备　注
1	香菇		千克	45	40	1800	
2	红糖		千克	160	8	1280	

表 4-2　　　　　　　　　　　实存账存对比表

编号	类别及名称	计量单位	单价	对比结果								备注
				实存		账存		盘盈		盘亏		
				数量	金额	数量	金额	数量	金额	数量	金额	

主管人员：　　　　　会计：　　　　　　　制表：

库存商品明细账

类别：食品
名称：香菇
规格：
最高存量：
最低存量：
计量单位：千克

2013年		凭证号码	摘要	收入			发出			结存			✓
月	日			数量	单价	金额（十万千百十元角分）	数量	单价	金额（十万千百十元角分）	数量	单价	金额（十万千百十元角分）	
3	31									50	40	千2 百0 十0 元0 角0 分0	

图 4-1

库存商品明细账

类别：食品
名称：红糖
规格：
最高存量：
最低存量：
计量单位：千克

2013年		凭证号码	摘要	收入			发出			结存			✓
月	日			数量	单价	金额（十万千百十元角分）	数量	单价	金额（十万千百十元角分）	数量	单价	金额（十万千百十元角分）	
3	31									150	8	万1 千2 百0 十0 元0 角0 分0	

图 4-2

实训十 银行存款余额调节表的编制

一、实训目的

通过训练使学生掌握银行存款余额调节表的编制。

二、实训资料

南宁市大华有限公司2013年3月21-31日银行存款日记账和银行对账单有关资料如表4-3、表4-4所示。

表4-3

银 行 对 账 单

2013年 月	日	结算凭证 种类	号数	摘 要	借 方	贷 方	余 额
3	21			承前页			380 500
	22	转支	#3603	付货款	48 000		332 500
	22	现支	#8653	提现金	4 000		328 500
	24	转支	#3605	付广告费	37 200		291 300
	25	特转	#1480	存款利息		5 900	297 200
	25	现支	#8654	提差旅费	3 500		293 700
	26	转支	#3609	付保险费	40 000		253 700
	26	本票	#8461	存入货款		95 380	349 080
	26	转支	#3614	付办公用品款	600		348 480
	29	转支	#2003	付货款	36 800		311 680
	29	委托	#5721	付电话费	3 800		307 880
	30	转支	#3617	付养路费	3 800		304 080
	30	特转	#1902	贷款利息	3 500		300 580
	30			存入现金		2 000	302 580
	29	委托	#1195	支付水电费	4 800		297 780
	31	委托	#1009	代收运费		4000	301 780
	31	汇票	#2005	购设备	57 400		244 380
	31			月末余额			244 380

表 4-4

银 行 存 款 日 记 账

2013 年		凭证号	摘　　要	结算凭证		对 方 科 目	借方	贷方	余额
月	日			种类	号数				
3	21		承前页						380 500
	21	银付 35	购入材料	转支	#3603	材料采购		48 000	332 500
	22	银付 36	偿付货款	转支	#2003	应付账款		36 800	295 700
	22	银付 37	提取现金	现支	#8653	现金		4 000	291 700
	23	银付 38	支付广告费	转支	#3605	营业费用		37 200	254 500
	23	银收 18	收回货款	委收	#1004	应收账款	28 300		282 800
	24	银付 39	支付保险费	转支	#3609	管理费用		40 000	242 800
	24	银付 40	代垫运费	转支	#3611	应收账款		6 000	236 800
	25	银付 41	预付差旅费	现支	#8654	其他应收款		3 500	233 300
	25	银收 19	销售产品	委收	#1006	主营业务收入	18 950		252 250
	26	银付 42	购入设备	汇票	#2005	固定资产		57 400	194 850
	27	银付 43	购办公用品	转支	#3614	管理费用		600	259 630
	27	银付 44	支付养路费	转支	#3617	管理费用		3 800	255 830
	28	银付 45	预付货款	转支	#3618	预付账款		50 000	205 830
	29	银收 21	收回货款	转支	#3685	应收账款	17 390		223 220
	30	现付 19	存入现金	回单	#24	现金	2 000		225 220
	30	银付 46	预付差旅费	现支	#8658	其他应收款		2 780	222 440
	31		本月合计						222 440

三、实训提示

银行存款余额调节表的编制如下。

首先检查本企业银行存款日记账的正确性与完整性；然后将银行对账单与企业银行存款日记账逐笔核对。若两者余额不符，其原因大致有两个：一是记账错误，如漏记、重记、借记等情况；二是存在未达账项，即企业和银行之间，由于结算凭证在传递和办理转账手续时间上的不一致而造成的一方已登记入账而另一方尚未登记入账的款项。具体有以下 4 种情况。

（1）企收银未收。即企业送存银行的款项，企业已登记存款增加，但银行尚未办妥手续而未入账。

（2）企付银未付。即企业已开出支票或其他付款凭证，企业已登记存款减少，但银行尚未支付或未办理转账手续而未入账。

（3）银收企未收。即银行代企业收进的款项，银行已登记存款的增加，但企业尚未收到通知而未入账。

（4）银付企未付。即银行代企业支付的款项，银行已登记存款的减少，但企业尚未收到付款通知而未入账。

由于上述原因造成企业银行存款日记账与银行对账单的账面余额不符的情况，可通过编制"银行存款余额调节表"进行调节，调节后双方账面余额一般应相等。若不等，应进一步查明原因，直到相等为止。

四、实训要求

（1）将银行存款日记账与银行对账单按结算凭证种类和号数一一进行核对，找出未达账项及记账差错。

（2）假设企业与银行账面记录 9 月 21 日前均核对无误，编制 9 月份银行存款余额调节表。

（3）确定该企业的银行存款实有余额。

（4）简要分析出现未达账项的原因。

五、实训用品及参考格式

（1）实训用品：本实训需要银行存款余额调节表 1 份。

（2）参考格式：如表 4-5 所示。

表 4-5

银行存款余额调节表

2013 年 3 月 31 日

项　　目	金　　额	项　　目	金　　额
企业银行存款日记账余额		银行对账单余额	
加：		加：	
减：		减：	
调节后的存款余额		调节后的存款余额	

六、实训时间

本实训约需 2 学时。

第五章

实训十一　编制试算平衡表

一、实训目的

通过实训掌握试算平衡表的编制，为编制会计报表做好准备。

二、实训资料

根据实训一、实训二、实训四、实训六的资料进行编制。

三、实训提示

（1）总分类账户本期发生额及余额表的编制。编表时，首先把全部总分类账户抄列到"会计科目"栏，然后将各账户的期初、期末余额和本期借、贷方发生额分别填入各金额栏。若全部账户的记录正确，则该表必然出现三对平衡数字，这三对平衡数字是账户记录正确的必要条件。

应当指出，在会计实务中，有些错误并不影响本表中借贷双方的平衡。例如，全部记录或重复记录同一经济业务；借贷双方发生同样金额的记账错误或过账错误；过账时，账户记录发生借贷方向的错误；记错了有关账户。所以，即使出现三对平衡数字，也不能认为肯定无错。

总分类账户本期发生额及余额表可以用来检查总分类账户记录的正确性、完整性，一般了解企业经济活动和财务收支情况，并为编制会计报表提供一定的便利。

（2）明细分类账户本期发生额及余额表的编制。明细分类账户本期发生额及余额表根据各种明细分类账户的日常核算资料加以汇总编制而成，应为每个总分类账户所有的全部明细分类账户各编一张。通常是每月编制一次。本表的种类和结构受据以编制的各明细分类账户核算的具体内容和格式制约，一般有数量金额式和借贷余三栏式两种。

明细分类账户本期发生额及余额表用来检查明细分类账户的登记是否正确完整，与总分类账户本期发生额及余额表的有关账户相互核对，以便及时发现差错，予以更正. 同时本表为编制会计报表提供更详细的资料，有助于进一步了解企业经济活动的具体情况。

四、实训要求

编制总分类账户期初余额、本期发生额、期末余额试算平衡表。

五、实训用品及参考格式

（1）实训用品：本实验需要总分类账户发生额和余额对照表1张；原材料明细账发生额和

余额对照表 1 张。

（2）参考格式：如表 5-1 所示。

六、实训时间

本实训大约需要 1 学时。

表 5-1

试算平衡表

期 初 余 额		本期发生额		期 末 余 额	
借　方	贷　方	借　方	贷　方	借　方	贷　方

实训十二 编制资产负债表、利润表

一、实训目的

通过实训使学生掌握资产负债表和利润表的编制方法。

二、实训资料

根据实训一、实训四、实训十一的资料编制资产负债表和利润表。

三、实训提示

（1）假设该企业总分类账户与所属各明细分类账户方向相同，金额相等。

（2）资产负债表编制原理：资产=负债+所有者权益。

（3）利润表编制原理：利润=收入-费用。

四、实训要求

编制资产负债表和利润表。

五、实训用品及参考格式

（1）实训用品：本实验需要资产负债表 1 份，利润表 1 份。

（2）参考格式：如表 5-2、表 5-3 所示。

六、实训时间

本实训大约需要 4 学时。

表 5-2

资产负债表

编制单位：　　　　　　　　　　　　　　　年　月　日　　　　　　　　　　　　单位：元

资　产	期末余额	年初余额	负债和所有者权益（或股东权益）	期末余额	年初余额
流动资产：			流动负债：		
货币资金			短期借款		
交易性金融资产			交易性金融负债		
应收票据			应付票据		
应收账款			应付账款		
预付账款			预收账款		
应收利息			应付职工薪酬		
应收股利			应交税费		

续表

资　产	期末余额	年初余额	负债和所有者权益（或股东权益）	期末余额	年初余额
其他应收款			应付利息		
存货			应付股利		
一年内到期的非流动资产			其他应付款		
其他流动资产			一年内到期的非流动负债		
流动资产合计			其他流动负债		
非流动资产：			流动负债合计		
可供出售金融资产			非流动负债：		
持有至到期投资			长期借款		
长期应收款			应付债券		
长期股权投资			长期应付款		
投资性房地产			专项应付款		
固定资产			预计负债		
在建工程			递延所得税负债		
工程物资			其他非流动负债		
固定资产清理			非流动负债合计		
生产性生物资产			负债合计		
油气资产			所有者权益（或股东权益）：		
无形资产			实收资本（或股本）		
开发支出			资本公积		
商誉			减：库存股		
长期待摊费用			盈余公积		
递延所得税资产			未分配利润		
其他非流动资产			所有者权益合计		
非流动资产合计					
资产总计			负债和所有者（或股东权益）合计		

表 5-3　　　　　利润表

年　月　日

项　目	本 年 金 额
一、营业收入	
减：营业成本	
营业税金及附加	
销售费用	
管理费用	
财务费用	
资产减值损失	
加：公允价值变动收益（损失以"－"号填列）	
投资收益（损失以"－"号填列）	
其中：对联营企业和合营企业的投资收益	

续表

项　　目	本 年 金 额
二、营业利润（亏损以"－"号填列）	
加：营业外收入	
减：营业外支出	
其中：非流动资产处置损失	
三、利润总额（亏损总额以"－"号填列）	
减：所得税费用	
四、净利润（净亏损以"－"号填列）	
五、每股收益：	
（一）基本每股收益	
（二）稀释每股收益	

第六章

会计凭证的传递、装订和保管

实训十三　会计凭证的传递、装订和保管

一、实训目的

通过实训，掌握会计凭证传递程序、怎样装订及保管要求。

二、实训资料

依据实训一、实训四、实训六的资料进行装订及保管。

三、训练提示

1. 会计凭证的传递

会计凭证的传递是指会计凭证从填制或取得起，经过审核、记职、装订到归档为止，在有关部门和人员之间按规定的时间、路线办理业务手续和进行处理的过程。会计凭证传递的内容包括规定合理的传递程序、传递时间和传递过程中的衔接手续。

首先由会计人员填制会计凭证联数，然后保证会计凭证经过必要的环节进行处理和审核，避免会计凭证在不必要的环节停留。

会计凭证传递时间，应考虑各部门和有关人员的工作内容和工作量，在正常情况下完成的时间，明确规定各种凭证在各环节停留的最长时间，不能拖延和积压会计凭证，应在报告期内完成，不允许跨期，否则将影响会计核算的准确性和及时性。

会计凭证传递过程中的衔接手续，应做到既完备严密，又简便易行。凭证的收发、交接都应按一定的手续制度办理，以保证会计凭证的安全和完整。

2. 会计凭证的装订和保管

各种会计凭证在办理好各项业务手续，并据以记账后，最后应由会计部门加以整理、归类、编号，并妥为保管。

装订和保管要求如下。

（1）各种记账凭证，连同所附原始凭证和原始凭证汇总表，要分类按顺序编号，定期（每月）装订成册，并加具封面、封底，注明单位名称、凭证种类、所属年月和起讫日期、起讫号码、凭证张数等。为防止任意拆装，应在装订处贴上封签，并由经办人员在封签处加盖骑缝章。

（2）对一些性质相同、数量很多或各种随时需要查询的原始凭证，可以单独装订保管，在

封面上写明记张凭证的日期、编号、种类，同时在记账凭证上注明"附件另订"。

（3）各种经济合同和重要的涉外文件等凭证，应另编目录，单独登记保管，并在有关原始凭证和记账凭证上注明。

（4）其他单位因有特殊原因需要使用原始凭证时，经本单位领导批准，可以复制，但应在专门的登记簿上进行登记，并由提供人员和收取人员共同签章。

（5）会计凭证装订成册后，应有专人负责分类保管，年终应登记归档。会计凭证的保管期限和销毁手续，应严格遵守会计制度的有关规定。

（6）会计凭证在归档后，应按年分月顺序排列，以便查询。对已归档凭证的查询、调用和复制，都应得到批准，并办理一定的手续。会计凭证在保管中应防止霉烂破损和鼠咬虫蛀，以确保其安全和完整。

四、实训要求

（1）检查记账凭证传递是否完整，手续是否齐全。

（2）领取会计凭证封面进行装订。

（3）交由档案处统一保管。

五、实训时间

本实训大约需要 1 学时。